RÈGLES POUR LA DIRECTION
DE L'ESPRIT

BIBLIOTHÈQUE DES TEXTES PHILOSOPHIQUES

Fondateur : Henri GOUHIER   Directeur : Jean-François COURTINE

René DESCARTES

RÈGLES POUR LA DIRECTION
DE L'ESPRIT

Tradution et notes par

J. SIRVEN

PARIS

LIBRAIRIE PHILOSOPHIQUE J. VRIN

6, Place de la Sorbonne, V e

2012

© *Librairie Philosophique J. VRIN*, 1998, 2003

Imprimé en France

ISSN 0249-7972

ISBN 978-2-7116-0182-X

www.vrin.fr

PRÉFACE

Les Regulæ ad directionem ingenii *se trouvent au tome X des Œuvres de Descartes, publiées par Charles Adam et Paul Tannery, Paris, Cerf, 1903* (¹). *Elles ont été rééditées dans la présente collection par M. Gouhier, avec une notice qui donne, outre une bibliographie, toutes les indications concernant les manuscrits, la date et la composition de cet ouvrage. Nous avons indiqué notre point de vue et analysé sa doctrine dans notre livre sur* Les années d'apprentissage de Descartes.

On connaît les traductions des Regulæ *faites au* XIX° *par V. Cousin et Aimé-Martin. Nous avons essayé, à notre tour, de rendre le latin de Descartes aussi rigoureusement que possible : le caractère de cette collection n'a pas permis d'y ajouter un commentaire détaillé, qu'une plume autorisée doit publier par ailleurs.*

Nous avons indiqué, au haut des pages, entre crochets, la pagination de l'édition Adam-Tannery et celle de l'édition Gouhier.

Que notre collègue, M. Dumont, veuille bien trouver ici nos meilleurs remerciements pour les suggestions dont sa compétence nous a fait profiter dans notre travail.

¹ Aujourd'hui propriété de la librairie philosophique J. Vrin.

Règles pour la direction de l'esprit

RÈGLE I

Les études doivent avoir pour but de donner à l'esprit (¹) une direction qui lui permette de porter des jugements solides et vrais sur tout ce qui se présente à lui.

Les hommes ont pour habitude, dans tous les cas où ils reconnaissent quelque ressemblance entre deux choses, de juger des deux à la fois, même sur le point où elles diffèrent, en leur appliquant ce qu'ils ont reconnu pour vrai de l'une d'elles. C'est ainsi qu'ils font de mauvais rapprochements entre les sciences, qui sont entièrement basées sur la connaissance intellectuelle (²), et les arts, qui exigent quelque disposi-

(¹) Le terme d'*ingenium*, que je traduirai toujours par *esprit*, garde d'ordinaire quelque chose de son sens primitif (qualité innée, propriété naturelle) et désigne en général tout le contenu de l'âme, en se plaçant au point de vue intellectuel. Il se rapproche ainsi des termes de *mens* ou d'*intellectus*, et s'oppose même à la volonté (p. 13, l. 3). Sa définition la plus précise se rencontre dans la règle XII (p. 61, l. 4-6). *Les références sont toujours données au texte latin paru dans cette même collection.*

(²) *In animi cognitione.* Descartes emploie assez rarement le terme d'*animus* pour désigner l'intelligence par

tion pratique du corps. Ils le voient : ce ne sont pas
tous les arts que le même homme doit apprendre à
la fois, mais celui-là devient plus facilement le meilleur maître en son art, qui ne s'adonne qu'à un seul ;
les mêmes mains qui s'exercent à cultiver les champs
et à jouer de la cithare, ou qui se livrent à plusieurs
tâches différentes de ce genre, ne peuvent le faire avec
autant d'aisance qu'en s'appliquant à une seule
d'entre elles. Ils ont cru qu'il en était encore de même
des sciences et ils ont pensé qu'en les distinguant les
unes des autres selon la différence de leurs objets, il
fallait chercher à acquérir séparément chacune en
particulier et laisser de côté toutes les autres. En cela,
sans aucun doute, ils se sont trompés. Car, toutes les
sciences n'étant rien d'autre que la sagesse humaine,
qui reste toujours une et la même, quelle que soit la
différence des sujets auxquels on l'applique, et qui
ne leur emprunte pas plus de distinctions que la lumière du soleil n'en emprunte à la variété des choses
qu'il éclaire, il n'est besoin d'imposer aux esprits
aucune limite. En effet, la connaissance d'une seule
vérité, comme s'il s'agissait de la pratique d'un seul
art, ne nous détourne pas de la découverte d'une
autre, mais nous aide plutôt à la faire. Assurément, il
me semble extraordinaire que la plupart scrutent avec

opposition au corps (cf. 11, 1. 2). Ce mot est à peu près
l'équivalent de *mens* et je les rendrai tous deux par : *intelligence*, en réservant l'expression *entendement* pour le terme
intellectus.

le plus grand soin les mœurs des hommes (¹), les propriétés des plantes, les mouvements des astres, les transmutations des métaux et les objets de semblables disciplines (²), sans que, pendant ce temps, presqu'aucun d'eux ne pense au bon sens ou à l'universelle Sagesse (³) dont nous parlons, alors que néanmoins tout le reste doit être estimé, non pas tant pour soi-même que pour la contribution qu'il lui apporte. Aussi n'est-ce pas sans motif que nous mettons cette règle en tête de toutes, car rien ne nous éloigne plus du droit chemin de la recherche de la vérité que de diriger nos études, non vers ce but général, mais vers quelques buts particuliers. Je ne parle pas de ceux qui sont mauvais et condamnables, comme la vaine gloire ou le gain honteux : il est certain que les raisons de mauvais aloi et les tromperies appropriées aux esprits vulgaires ouvrent en ce sens un chemin beaucoup plus avantageux que ne pourrait le faire la solide connaissance du vrai. Mais j'entends parler des buts honnêtes et louables, parce que la manière dont ils nous trompent est souvent plus subtile : par

(¹) La copie *A* supprime « mœurs » et il faut lire alors : « ... que la plupart des hommes scrutent avec le plus grand soin les propriétés des plantes, etc. »

(²) Le mot *disciplina* sera toujours rendu par *discipline*, qui lui correspondait exactement au xvii⁰ siècle et qui tend à reprendre de nos jours le même sens dans la langue philosophique.

(³) Pour comprendre l'identification du *bon sens* et de la *Sagesse*, il faut se rappeler le *Studium bonae mentis*. Cf. règle VIII (p. 39, l. 10).

exemple, si nous cherchons à acquérir les sciences qui nous sont utiles en vue du bien-être de l'existence ou en vue de ce plaisir qu'on trouve dans la contemplation du vrai et qui est presque la seule félicité en cette vie qui soit complète et qu'aucune douleur ne vienne troubler. Ce sont là des fruits légitimes des sciences que nous pouvons certes espérer recueillir ; toutefois, si nous y pensons pendant l'étude, ils nous font souvent négliger beaucoup de moyens qui sont nécessaires pour connaître autre chose, parce que de prime abord ils nous paraissent ou peu utiles ou peu dignes d'intérêt. Il faut croire que toutes les sciences sont tellement liées entre elles qu'il est beaucoup plus facile de les apprendre toutes ensemble que d'en séparer une seule des autres. Si quelqu'un donc veut sérieusement rechercher la vérité, il ne doit pas faire choix d'une science particulière : elles sont toutes unies entre elles et dépendantes les unes des autres. Qu'il pense seulement à accroître la lumière naturelle de sa raison, non pour résoudre telle ou telle difficulté d'école, mais pour que, dans chaque circonstance de sa vie, son entendement montre à sa volonté ce qu'il faut choisir. Bientôt, il sera tout étonné d'avoir fait des progrès bien supérieurs à ceux des hommes qui s'appliquent à des études spéciales, et d'être arrivé, non seulement à la possession de tout ce que les autres désirent, mais encore de choses plus élevées que celles qu'ils peuvent se permettre d'espérer.

RÈGLE II

Les objets dont il faut nous occuper sont ceux-là seuls que nos esprits paraissent suffire à connaître d'une manière certaine et indubitable.

Toute science est une connaissance certaine et évidente. Un homme qui doute de beaucoup de choses n'est pas plus savant que celui qui n'y a jamais pensé ; il l'est même moins que ce dernier, s'il s'est formé sur certaines une fausse opinion. Aussi vaut-il mieux ne jamais étudier que de s'occuper d'objets tellement difficiles que, sans pouvoir distinguer le vrai du faux, nous soyons forcés d'admettre pour certain ce qui est douteux, car il n'y a pas alors autant d'espoir d'accroître son instruction qu'il n'y a de péril de l'amoindrir. En conséquence, par notre proposition (¹), nous rejetons toutes les connaissances qui ne sont que probables et nous déclarons qu'il faut se fier seulement à ce qui est parfaitement connu

(¹) Descartes emploie *propositio* pour désigner le titre d'une de ses règles, ce qui nous est proposé sur un sujet particulier et toute énonciation d'un jugement en général. Je rendrai ce terme par : *proposition*.

et dont on ne peut douter. Les lettrés se persuadent peut-être qu'il y a bien peu de telles connaissances, parce qu'un défaut commun au genre humain leur a fait négliger d'y porter leur réflexion, comme trop faciles et à la portée de chacun. Mon avis, pourtant, est qu'elles sont beaucoup plus nombreuses qu'ils ne pensent et suffisent ainsi à démontrer d'une manière certaine d'innombrables propositions, sur lesquelles ils n'ont pu raisonner (¹) jusqu'ici que d'une manière probable. Parce qu'ils ont cru indigne d'un homme lettré d'avouer qu'il ignore quelque chose, ils se sont tellement habitués à parer leurs raisons fictives, qu'ils ont insensiblement fini dans la suite par se les persuader à eux-mêmes et les ont d'après cela fait valoir comme vraies.

Pourtant, si nous observons bien notre règle, il se présentera extrêmement peu de choses à l'étude desquelles nous puissions nous livrer. C'est à peine en effet si, dans les sciences, quelque question (²) se rencontre sur laquelle les gens habiles n'aient pas été souvent en désaccord. Mais, chaque fois que deux hommes portent sur la même chose des jugements contraires, il est sûr que l'un ou l'autre au moins se trompe. Aucun des deux ne semble même avoir de

(¹) *Disserere*. Voir, pour le sens de ce mot, la règle X (p. 50, l. 4 et 21), avec la note que je donnerai à cet endroit.
(²) Le sens du mot *question* sera précisé à la fin de la règle XII et dans les règles suivantes.

science, car, si les raisons de l'un étaient certaines et évidentes, il pourrait les exposer à l'autre de manière à finir par convaincre son entendement. Il semble donc que, sur tous les sujets de ce genre, nous pouvons arriver à des opinions probables, non à la science parfaite, parce qu'il ne nous est pas permis sans témérité de compter faire nous-mêmes plus que les autres n'ont fait. De la sorte, si notre calcul est exact, c'est à l'Arithmétique et à la Géométrie seules, parmi les sciences déjà trouvées, que nous réduit l'observation de notre règle.

Cependant, nous ne condamnons pas pour cette raison la manière de philosopher trouvée jusqu'ici par les autres, et, chez les écoliers, la machinerie des syllogismes probables, tout à fait adaptée à leurs guerres. Ce sont, en effet, des exercices pour les esprits des enfants et un moyen d'émulation pour les faire progresser : il est bien meilleur de les former par des opinions semblables, seraient-elles incertaines en apparence par suite des controverses des érudits, plutôt que de les abandonner librement à eux-mêmes. Peut-être sans guide iraient-ils à des précipices, mais, tant qu'ils marcheront sur les traces de leurs maîtres, même en s'écartant quelquefois du vrai, encore est-il pourtant qu'ils suivront un chemin plus sûr, du moins en ce sens qu'il a déjà obtenu l'approbation d'hommes plus avisés. Et nous-mêmes, nous nous réjouissons d'avoir été autrefois élevés de la sorte dans les écoles, mais, libérés maintenant du serment qui nous assujettissait aux paroles du Maître et suffisamment âgés pour soustraire notre main à la férule, si nous voulons sérieusement nous fixer à nous-mêmes des règles qui nous aident à parvenir au faîte de la connaissance humaine (¹), il nous faut assurément ranger au nombre des premières celle qui nous met sur nos gardes pour ne pas abuser de nos loisirs, comme le font beaucoup de gens. Ceux-ci négligent tout ce qui est facile et ne s'occupent que de sujets ardus, sur lesquels ils rassemblent avec ingéniosité des conjectures à coup sûr très subtiles et des raisons extrêmement probables. Mais, après de nombreux travaux, ils s'aperçoivent enfin d'une manière tardive qu'ils ont seulement grossi la multitude des doutes, sans avoir acquis aucune science.

Et maintenant, comme nous avons dit un peu plus haut qu'entre les disciplines connues par les autres, l'Arithmétique et la Géométrie étaient seules exemptes de tout défaut de fausseté ou d'incertitude, nous allons plus soigneusement examiner la raison pour laquelle il en est ainsi, en notant qu'une double voie nous conduit à la connaissance des choses, savoir celle de l'expérience ou celle de la déduction. Il faut noter, en outre, que les expériences portant sur les

(¹) Se rappeler le titre que Descartes voudra donner d'abord au *Discours de la Méthode*, quelques années plus tard : *Le projet d'une Science universelle qui puisse élever notre nature à son plus haut degré de perfection.*

choses (¹) sont souvent trompeuses, tandis que la
déduction, ou l'opération pure par laquelle on infère
une chose d'une autre, peut certes s'omettre quand
on ne l'aperçoit pas, mais ne peut jamais être mal
faite par l'entendement, même le moins raisonnable. Pour cela, bien peu utiles, me semble-t-il, sont
les liens au moyen desquels les Dialecticiens pensent
gouverner la raison humaine, quoique, je ne le nie
pas, ils soient très appropriés à d'autres usages. En
effet, toute erreur possible, je parle des hommes et
non des animaux, ne provient jamais d'une mauvaise inférence, mais seulement de ce que l'on part
de certaines expériences peu comprises ou de ce que
l'on porte des jugements à la légère et sans fondement.

On tire évidemment de ces considérations le motif
pour lequel l'Arithmétique et la Géométrie sont beaucoup plus certaines que les autres disciplines : c'est
qu'elles sont les seules à porter sur un objet si pur et
si simple qu'elles n'ont à faire absolument aucune
supposition que l'expérience puisse rendre douteuse
et qu'elles sont tout entières composées de conséquen-

(¹) *Experientias rerum.* L'expérience, d'après la règle XII,
porte sur tout ce qui vient du dehors à l'entendement et
sur la connaissance réfléchie que ce dernier a de lui-même
(p. 68, l. 2 sv.). Dans ce dernier passage, Descartes donnera
le moyen que doit employer l'entendement pour n'être
trompé par aucune expérience (*experimentum*) et il va
parler, ici même, d'expériences peu comprises (*experimenta
quaedam parum intellecta*, ibid., p. 7, l. 12).

ces à déduire rationnellement. Elles sont donc les plus faciles et les plus claires de toutes, et elles ont un objet tel que nous l'exigeons, puisque, sauf inadvertance, il semble à peine possible à un être humain de s'y tromper. Toutefois, on ne doit pas pour cela trouver étonnant que beaucoup d'esprits s'appliquent d'eux-mêmes plus volontiers à d'autres arts ou à la Philosophie : cela vient de ce que chacun se permet d'être devin avec plus d'assurance en matière obscure qu'en matière évidente, et il est beaucoup plus facile de faire quelque conjecture sur n'importe quelle question que de parvenir à la vérité elle-même dans une seule question, si facile qu'elle soit.

Et la conclusion de tout ce qui précède n'est pas certes qu'il faut apprendre l'Arithmétique et la Géométrie seules, mais uniquement que, dans la recherche du droit chemin de la vérité, on ne doit s'occuper d'aucun objet sur lequel on ne puisse avoir une certitude aussi grande que celle des démonstrations de l'Arithmétique et de la Géométrie.

RÈGLE III

Pour ce qui est des objets considérés, ce n'est pas ce que pense autrui ou ce que nous conjecturons nous-mêmes qu'il faut rechercher, mais ce que nous pouvons voir par intuition avec clarté et évidence, ou ce que nous pouvons déduire avec certitude : ce n'est pas autrement, en effet, que s'acquiert la science.

On doit lire les livres des Anciens, du moment qu'il est fort avantageux pour nous de pouvoir profiter des travaux d'un si grand nombre d'hommes, soit pour connaître les inventions déjà faites autrefois avec succès, soit aussi pour être informés de ce qu'il reste encore à trouver dans toutes les disciplines. Cependant, il y a péril extrême de contracter peut-être quelques souillures d'erreur en lisant ces livres trop attentivement, souillures qui s'attacheraient à nous, quelles que soient nos résistances et nos précautions. En effet, les écrivains ont d'ordinaire un esprit tel que, toutes les fois qu'ils se laissent entraîner par une crédulité irréfléchie à prendre dans une controverse une position critique, ils s'efforcent tou-

jours de nous y attirer par les plus subtils arguments.
Au contraire, chaque fois qu'ils ont eu le bonheur de
trouver quelque chose de certain et d'évident, ils ne
le montreraient jamais sans l'envelopper de divers
ambages, dans la crainte apparemment de diminuer
par la simplicité de leurs raisons le mérite de l'in-
vention, ou bien parce qu'ils nous jalousent la fran-
che vérité.

Quand même ils seraient tous d'une noblesse et
d'une franchise extrêmes, ne nous faisant jamais
avaler de choses douteuses pour vraies, mais nous
exposant tout de bonne foi, comme cependant à peine
l'un avance-t-il une idée qu'un autre ne présente la
contraire, nous ne saurions jamais auquel des deux
croire. Et il ne servirait de rien de compter les suf-
frages pour suivre l'opinion garantie par le plus d'auteurs, car, s'il s'agit d'une question difficile, il est
plus croyable que la vérité en a été découverte par
un petit nombre plutôt que par beaucoup. Même si
tous étaient d'accord, leur enseignement ne nous suffirait pas : nous ne deviendrons jamais Mathématiciens, par exemple, bien que notre mémoire possède
toutes les démonstrations faites par d'autres, si notre
esprit n'est pas capable de résoudre toute sorte de
problèmes ; nous ne deviendrons pas Philosophes,
pour avoir lu tous les raisonnements (¹) de Platon et
d'Aristote, sans pouvoir porter un jugement solide

(¹) *Argumenta.*

sur ce qui nous est proposé. Ainsi, en effet, nous semblerions avoir appris, non des sciences, mais des histoires (¹).

Il nous est recommandé en outre de ne mêler absolument aucune conjecture à nos jugements sur la vérité des choses. Et cette remarque n'est pas de minime importance : la meilleure raison, en effet, pour laquelle on ne trouve encore dans la Philosophie ordinaire rien d'assez évident et d'assez certain pour ne pas être sujet à controverse, c'est que d'abord les hommes d'étude, non contents de reconnaître les choses transparentes et certaines, ont osé soutenir même des choses obscures et inconnues, que seulement des conjectures probables leur permettaient d'atteindre. Puis, peu à peu, ils y ont ajouté complètement foi eux-mêmes et les ont confondues sans distinction avec les choses vraies et évidentes, sans pouvoir enfin arriver à aucune conclusion qui ne parût dépendre de quelque proposition semblable et qui dès lors ne fût incertaine.

Pour ne pas tomber par la suite dans la même erreur, voici le recensement de tous les actes de notre entendement qui nous permettent de parvenir à la connaissance des choses, sans aucune crainte de nous tromper. Il n'y en a que deux à admettre, savoir l'intuition et la déduction (²).

(¹)*Historias*. Se rappeler le discrédit dans lequel certains milieux philosophiques tenaient alors l'histoire.

(²) Le texte porte *inductio*, mais Descartes va parler de

Par *intuition*, j'entends, non la confiance flottante que donnent les sens (¹) ou le jugement trompeur d'une imagination aux constructions mauvaises (²), mais le concept que l'intelligence (³) pure et attentive forme avec tant de facilité et de distinction qu'il ne reste absolument aucun doute sur ce que nous comprenons ; ou bien, ce qui est la même chose, le concept que forme l'intelligence pure et attentive, sans doute possible, concept qui naît de la seule lumière de la raison et dont la certitude est plus grande, à cause de sa plus grande simplicité, que celle de la déduction elle-même, bien que cette dernière ne puisse pas être mal faite même par l'homme, comme nous l'avons noté plus haut. Ainsi, chacun peut voir par intuition intellectuelle qu'il existe, qu'il pense,

l'intuition et de la déduction, qu'il rapprochera à la fin de cette même règle (p. 12, 1. 20-21). Cf. règle XII, p. 70, 1. 15-16. L'emploi du terme *inductio* s'explique par une faute de copiste ou une inadvertance de Descartes, bien qu'il puisse être légitimé en tenant compte du sens que lui donne notre philosophe.

(¹) *Non fluctuantem sensuum fidem*. Si l'on faisait de *sensuum* un génitif objectif, il s'agirait de la confiance aux sens.

(²) *Male componentis*. Cf. la *compositio* des Scolastiques.

(³) *Mentis*. On notera que nous traduisons *mens* par *intelligence*, et c'est pourquoi nous parlons d'une intuition intellectuelle et non pas d'une intuition de l'esprit. On peut rapprocher ainsi le sens des mots : *mens, ratio, intellectus*. D'ailleurs Descartes distingue l'intuition intellectuelle de l'intuition sensible (des yeux). Cf. p. 31, 1. 6 : *imaginationis intuentis*.

qu'un triangle est limité par trois lignes seulement, un corps sphérique par une seule surface, et autres faits semblables qui sont beaucoup plus nombreux que la plupart ne le remarquent, par suite du dédain qu'ils éprouvent à tourner leur intelligence vers des choses si faciles.

Au reste, de peur que par hasard on ne soit choqué par l'emploi nouveau du mot *intuition* et des autres que par la suite je serai forcé de détourner pareillement de leur signification ordinaire, je fais ici un avertissement général. Je ne pense pas du tout à la manière dont chaque expression en ces derniers temps a été employée dans les écoles, parce qu'il y aurait une extrême difficulté à vouloir se servir des mêmes noms pour exprimer des idées profondément différentes ; mais je m'en tiens uniquement à la signification de chaque mot en latin, afin qu'à défaut de termes propres, je prenne chaque fois pour traduire mon idée ceux qui me semblent lui convenir le mieux.

D'autre part, cette évidence et cette certitude de l'intuition n'est pas requise pour les seules énonciations, mais aussi pour n'importe quels raisonnements (¹). Supposons par exemple qu'on tire cette conséquence : 2 et 2 font la même chose que 3 et 1, non seulement il faut voir par intuition que 2 et 2 font 4, et que 3 et 1 font aussi 4, mais en outre que ces

(¹) *Enuntiationes... discursus.*

deux dernières propositions ont pour conséquence
nécessaire la troisième, donnée en premier lieu.

Maintenant on peut se demander pourquoi nous
avons ajouté ici à l'intuition un autre mode de connaissance consistant dans la déduction, par laquelle
nous entendons toute conclusion nécessaire tirée d'autres choses connues avec certitude. Il a fallu le faire,
parce qu'on sait la plupart des choses d'une manière
certaine sans qu'elles soient évidentes, pourvu seulement qu'on les déduise de principes vrais et connus, au moyen d'un mouvement continu et sans
aucune interruption de la pensée qui voit nettement
par intuition chaque chose en particulier. Ce n'est
pas autrement que nous connaissons le lien qui unit
le dernier anneau d'une longue chaîne au premier,
bien qu'un seul et même coup d'œil soit incapable
de nous faire saisir intuitivement tous les anneaux
intermédiaires qui constituent ce lien : il suffit que
nous les ayons parcourus successivement et que nous
gardions le souvenir que chacun d'eux, depuis le premier jusqu'au dernier, tient à ceux qui sont le plus
rapprochés de lui. Ici donc nous distinguons l'intuition intellectuelle de la déduction certaine par le fait
que, dans celle-ci, on conçoit une sorte de mouvement ou de succession, tandis que dans celle-là il
n'en est pas de même ; en outre, la déduction ne
requiert pas comme l'intuition une évidence actuelle,
mais elle emprunte plutôt en quelque manière sa certitude à la mémoire. Il en résulte, peut-on dire, que

les propositions qui sont la conséquence immédiate des premiers principes se connaissent d'un point de vue différent, tantôt par intuition, tantôt par déduction ; quant aux premiers principes eux-mêmes, ils sont connus seulement par intuition, et au contraire leurs conclusions éloignées ne le sont que par déduction.

Telles sont les deux voies qui conduisent à la science de la manière la plus sûre : on ne doit pas en admettre un plus grand nombre du côté de l'esprit, mais toutes les autres doivent être rejetées comme suspectes et sujettes à l'erreur. Cela ne nous empêche pas néanmoins de croire que ce qui a été objet de révélation divine est plus certain que n'importe quelle connaissance : la croyance qu'on lui témoigne, portant dans tous les cas sur des choses cachées, n'est pas un acte de l'esprit, mais de la volonté. Si elle a des fondements dans l'entendement, ils pourront et devront entre tous être découverts par l'une ou l'autre des voies déjà indiquées, comme nous le montrerons peut-être un jour plus amplement.

RÈGLE IV

La méthode est nécessaire pour la recherche de la vérité.

Les Mortels sont possédés d'une curiosité si aveugle que souvent ils engagent leur esprit dans des voies inconnues, sans aucun espoir raisonnable, uniquement pour courir le risque d'y rencontrer ce qu'ils cherchent. Il en est d'eux comme d'un homme qui brûlerait d'un désir si stupide de trouver un trésor qu'il serait sans cesse à errer sur les places publiques pour chercher si par hasard il n'en trouverait pas quelqu'un de perdu par un voyageur. C'est ainsi qu'étudient presque tous les Chimistes, la plupart des Géomètres et un grand nombre de Philosophes. Certes, je ne nie pas qu'ils n'aient parfois assez de chance dans leurs errements pour trouver quelque vérité ; néanmoins, je ne leur accorde pas pour cela d'être plus habiles, mais seulement d'être plus heureux. Or, il vaut beaucoup mieux ne jamais penser à chercher la vérité d'aucune chose plutôt que de le faire sans méthode : il est tout à fait certain, en effet, que les études de cette sorte faites sans ordre et les méditations confuses obscurcissent la lumière naturelle et aveuglent les esprits. Quiconque s'accoutume à marcher ainsi dans les ténèbres s'affaiblit tellement l'acuité du regard que dans la suite il ne peut supporter le grand jour. C'est même un fait d'expérience : nous voyons le plus souvent ceux qui ne se sont jamais consacrés aux lettres juger de ce qui se présente à eux avec beaucoup plus de solidité et de clarté que ceux qui ont toujours fréquenté les écoles. Quant à la méthode, j'entends par là des règles certaines et faciles dont l'exacte observation fera que n'importe qui ne prendra jamais rien de faux pour vrai, et que, sans dépenser inutilement aucun effort d'intelligence, il parviendra, par un accroissement graduel et continu de science, à la véritable connaissance de tout ce qu'il sera capable de connaître.

Il faut noter ici ces deux points : ne mettre assurément rien de faux à la place du vrai et parvenir à la connaissance de tout. En effet, si nous ignorons quelque chose de tout ce que nous pouvons savoir, c'est seulement parce que nous n'avons jamais aperçu de voie pour nous conduire à une telle connaissance, ou bien parce parce que nous sommes tombés dans une erreur contraire. Mais, si la méthode nous donne une explication parfaite de l'usage à faire de l'intuition intellectuelle pour ne pas tomber dans une erreur contraire au vrai, et du moyen de trouver des déductions pour parvenir à la connaissance de tout, rien d'autre, me semble-t-il, n'est exigé pour qu'elle soit complète, puisque aucune science ne peut s'acquérir que par l'intuition intellectuelle ou par la déduction, comme il a été déjà dit antérieurement. Car elle ne peut pas s'étendre jusqu'à enseigner comment doivent se faire ces opérations mêmes, parce qu'elles sont les plus simples et les premières de toutes, en sorte que, si notre entendement ne pouvait pas en faire déjà usage auparavant, il ne comprendrait aucun des préceptes de la méthode elle-même, quelque faciles qu'ils fussent. Quant aux autres opérations intellectuelles (¹) que la Dialectique s'efforce de diriger à l'aide de ces premières, elles sont ici inutiles, ou plutôt doivent être comptées au nombre des obstacles, parce qu'il n'est rien qu'on puisse ajouter à la pure lumière de la raison sans l'obscurcir de quelque manière.

Puisque donc l'utilité de cette méthode est si grande que la culture des lettres paraît sans elle destinée à être nuisible plutôt que profitable, je me persuade aisément que les esprits supérieurs, même sous la conduite de la seule nature, l'ont déjà auparavant aperçue en quelque manière. En effet, l'intelligence humaine a je ne sais quoi de divin, où les premières

(¹) D'après la copie *H*, il faudrait lire : « Quant aux autres règles concernant les opérations intellectuelles... » ; ou bien, suivant la correction proposée par M. Adam : « Quant aux autres règles avec l'aide desquelles la Dialectique s'efforce de diriger les opérations intellectuelles... » (p. 15, note *a*).

semences des pensées utiles ont été jetées de telle
sorte que souvent, si négligées et si étouffées qu'elles
soient par des études faites de travers, elles produisent
un fruit spontané. Nous en faisons l'expérience dans
les plus faciles des sciences, l'Arithmétique et la Géométrie. En effet, nous remarquons suffisamment que
les anciens Géomètres ont utilisé une sorte d'analyse qu'ils étendaient à la solution de tous les problèmes, bien qu'ils en aient privé la postérité. Et
maintenant fleurit un genre d'Arithmétique, qu'on
nomme Algèbre, permettant de faire pour les nombres ce que les anciens faisaient pour les figures. Ces
deux choses ne sont rien d'autre que des fruits spon-
tanés des principes naturels de notre méthode, et je
ne suis pas étonné que ce soit dans ces arts dont les
objets sont très simples qu'ils ont poussé jusqu'ici
avec plus de bonheur que dans les autres, où de plus
grands obstacles les étouffent d'ordinaire, mais où
néanmoins, en prenant un soin extrême à les cultiver, on les fera immanquablement parvenir à une
parfaite maturité.

C'est ce que j'ai surtout entrepris de faire dans ce
Traité. Je n'estimerais pas en effet beaucoup mes
règles, si elles ne suffisaient qu'à résoudre les vains
problèmes qui servent d'ordinaire de jeu aux Calculateurs (¹) ou aux Géomètres dans leurs loisirs : je

(¹) *Logisticae*. La distinction des calculateurs ou *logisti-
ciens* et des géomètres (spéculatifs) remonte jusqu'à la
science grecque (cf. 93, l. 9 et 12).

croirais dans ce cas n'avoir pas donné d'autre preuve
de supériorité que celle de m'occuper de bagatelles,
avec peut-être plus de subtilité que les autres. Et
quoique je sois décidé à parler ici beaucoup de figures
et de nombres, parce qu'on ne peut demander à aucune des autres disciplines des exemples aussi évidents et aussi certains, quiconque néanmoins consi-
dérera mon idée avec attention s'apercevra facilement
que je ne pense ici à rien moins qu'aux Mathématiques ordinaires et que j'expose une autre discipline
dont elles sont le vêtement plutôt que les parties.
Cette discipline doit en effet contenir les premiers
rudiments de la raison humaine et étendre son action
jusqu'à faire jaillir les vérités de n'importe quel
sujet. Pour parler librement, elle est préférable à toute
autre connaissance transmise humainement, vu
qu'elle est la source de toutes les autres : c'est ma
persuasion. Si j'ai parlé de vêtement, ce n'est pas
que je veuille couvrir et envelopper cet enseignement pour écarter le vulgaire, mais plutôt que je
veuille le vêtir et l'orner pour qu'il puisse s'adapter
davantage à l'esprit humain.

Quand je me suis d'abord appliqué aux disciplines
mathématiques, j'ai lu immédiatement en entier la
plupart des choses qu'enseignent d'ordinaire leurs
promoteurs et j'ai cultivé de préférence l'Arithmétique et la Géométrie, parce qu'elles étaient, disait-on,
les plus simples et comme un acheminement au reste.
Mais, ni dans l'une ni dans l'autre, il ne m'est alors

par hasard tombé sous la main des auteurs capables
de me satisfaire pleinement. Certes, j'y lisais sur les
nombres une foule de développements dont le calcul
me faisait constater la vérité ; quant aux figures, il
y avait beaucoup de choses qu'ils me mettaient en
quelque sorte sous les yeux mêmes et qui étaient la
suite de conséquences rigoureuses. Mais, pourquoi
il en était ainsi et comment on parvenait à le trouver, ils ne me paraissaient pas suffisamment le montrer à l'intelligence elle-même. Aussi n'étais-je pas
surpris de voir la plupart des hommes, même bien
doués et érudits (¹), effleurer ces arts et les négliger
vite comme puérils et vains, ou bien au contraire
s'arrêter sur le seuil même, détournés de les apprendre par la pensée qu'ils étaient extrêmement difficiles
et embrouillés. A la vérité, rien n'est plus futile que
de nous occuper de simples nombres et de figures
imaginaires, à tel point que notre volonté paraisse
se satisfaire dans la connaissance de pareilles bagatelles. Rien n'est plus futile, dans ces démonstrations
superficielles que le hasard fait découvrir plus souvent que l'art et qui s'adressent plutôt aux yeux et à
l'imagination qu'à l'entendement, que de nous y
acharner au point de perdre en quelque sorte l'habitude d'utiliser la raison elle-même. En même temps,

(¹) Le terme d'*érudit* n'a pas un sens péjoratif. Cf. déjà
plus haut, p. 6, l. 1, et plus loin, en particulier p. 36, l. 14,
et p. 40, l. 3. Descartes avait projeté d'écrire encore vers la
fin de sa vie un traité *De l'érudition.*

rien n'est plus compliqué, avec une telle manière de faire la preuve, que de triompher de nouvelles difficultés enveloppées dans un désordre de nombres.

Dans la suite, je me demandai d'où venait qu'autrefois les premiers créateurs de la Philosophie ne voulaient pas admettre à l'étude de la sagesse quiconque était ignorant de la Mathématique, comme si cette discipline leur paraissait de toutes la plus facile et la plus nécessaire pour apprendre aux esprits à saisir d'autres sciences plus importantes et à les y préparer. Je soupçonnai nettement alors qu'ils avaient connu une sorte de Mathématique très différente de la Mathématique ordinaire de notre époque, sans estimer pour cela qu'ils en aient eu la science parfaite, car leurs folles joies et leurs sacrifices pour de légères inventions montrent clairement combien ils ont été incultes. Mon opinion n'est pas ébranlée par la considération de certaines de leurs machines qui sont célébrées chez les Historiens, car, malgré peut-être leur extrême simplicité, elles ont pu facilement être dans la renommée élevées au rang des prodiges par la multitude ignorante et pleine d'admiration. Cependant, je suis persuadé que, la nature ayant déposé dans les esprits humains quelques premières semences de vérités, que la lecture ou l'audition quotidiennes de tant d'erreurs diverses étouffent en nous, ces premières semences avaient une telle force dans cette inculte et toute simple antiquité que les hommes, en vertu de la même lumière intellectuelle qui leur faisait voir l'obligation de préférer la vertu au plaisir et l'honnête à l'utile, tout en ignorant pourquoi il en était ainsi, ont aussi reconnu les idées vraies de la Philosophie et de la Mathématique, sans pouvoir encore aboutir parfaitement à ces sciences elles-mêmes. Et certes, il me semble que quelques traces de cette véritable Mathématique apparaissent encore dans Pappus et dans Diophante, qui, sans être des premiers âges, ont vécu pourtant de nombreux siècles avant notre temps. Quant à elle, je croirais volontiers que, dans la suite, les auteurs mêmes l'ont fait disparaître par une sorte de ruse coupable En effet, comme il est reconnu que beaucoup d'artisans l'ont fait pour leurs inventions, ils ont craint peut-être qu'à cause de sa très grande facilité et de sa simplicité, elle ne perdît de sa valeur par la vulgarisation, et ils ont préféré, pour se faire admirer, nous présenter à sa place quelques vérités stériles démontrées avec une subtile rigueur logique comme des effets de leur art, plutôt que de nous apprendre leur art lui-même qui aurait complètement tari notre admiration. Il y a eu enfin quelques hommes très ingénieux qui se sont efforcés en notre siècle de ressusciter le même art, car celui que l'on désigne par le nom barbare d'Algèbre ne paraît pas être autre chose, pourvu seulement qu'on le dégage des chiffres (¹) multiples et des figures inexplicables qui le

---

(¹) *Chiffres*, au sens que le *Discours de la Méthode* donne à ce mot : caractères et procédés de notation.

surchargent, en sorte que ne lui manque plus ce degré de netteté et de facilité extrêmes que nous supposons devoir se rencontrer dans la véritable Mathématique.

Ces pensées m'ayant ramené des études particulières de l'Arithmétique et de la Géométrie à une recherche approfondie et générale de la Mathématique, je me demandai d'abord ce que précisément tout le monde entend par ce nom, et pourquoi ce ne sont pas seulement les sciences dont il a déjà été parlé, mais encore l'Astronomie, la Musique, l'Optique, la Mécanique, et un grand nombre d'autres qu'on dit faire partie des Mathématiques. Il ne suffit pas ici en effet d'envisager l'étymologie du mot, car, le nom de Mathématique ayant seulement le sens de discipline (¹), les sciences citées ci-dessus n'ont pas moins de droit que la Géométrie elle-même à être appelées Mathématiques. Or nous le voyons, il n'est presque personne, pourvu qu'il ait seulement à peine touché le seuil des écoles, qui ne distingue facilement parmi ce qui se présente à lui, ce qui appartient à la Mathématique et ce qui appartient aux autres disciplines. En y réfléchissant avec plus d'attention, il me parut enfin clair de rapporter à la Mathématique tout ce en quoi seulement on examine l'ordre et la mesure, sans avoir égard si c'est dans

(¹) Il faut se rappeler le sens du mot *mathesis* chez les Grecs.

des nombres, des figures, des astres, des sons, ou n'importe quel autre objet, qu'une pareille mesure soit à chercher. Il en résulte qu'il doit y avoir une science générale qui explique tout ce qu'on peut chercher concernant l'ordre et la mesure, sans les appliquer à une matière spéciale : cette science se désigne, non par le nom emprunté, mais par le nom déjà ancien et reçu par l'usage de Mathématique universelle, parce qu'elle renferme tout ce qui a fait donner à d'autres sciences l'appellation de parties des Mathématiques. Combien la Mathématique universelle l'emporte en utilité et en facilité sur ces autres sciences qui lui sont subordonnées, on le voit manifestement du fait qu'elle s'étend aux mêmes objets que ces dernières et en outre à beaucoup d'autres ; du fait encore que ses difficultés, si elle en contient quelques-unes, existent aussi les mêmes dans ces dernières sciences, avec d'autres en plus provenant de leurs objets particuliers et qu'elle n'a pas. Et maintenant, puisque tout le monde connaît son nom et comprend son objet, même sans y faire attention, d'où vient-il que la plupart approfondissent avec peine les autres disciplines qui dépendent d'elle, et que personne n'a cure de l'étudier elle-même ? J'en serais étonné assurément, si je ne savais que tous la considèrent comme très facile et si je n'avais remarqué depuis longtemps que toujours l'esprit humain laisse de côté ce qu'il croit pouvoir faire

aisément et se précipite aussitôt vers ce qui est nouveau et plus élevé.

Quant à moi, conscient de ma faiblesse, j'ai décidé
d'observer obstinément un tel ordre dans la recherche
des connaissances que, débutant toujours par les
objets les plus simples et les plus faciles, je ne passe
jamais à d'autres sans qu'il me semble que les premiers ne me laissent plus rien à désirer. C'est pourquoi, j'ai cultivé jusqu'ici cette Mathématique universelle, autant qu'il était en moi, en sorte que je
crois pouvoir dans la suite traiter de sciences plus
élevées, sans m'y appliquer prématurément. Mais,
avant de m'en éloigner, tout ce que j'ai trouvé de
plus digne de remarque dans mes études précédentes,
je m'efforcerai de le ramasser en un tout et de le
mettre en ordre, soit pour le reprendre un jour commodément dans cet opuscule, si le besoin s'en fait
sentir avec la diminution de ma mémoire, sous l'effet
de l'âge, soit pour en décharger ma mémoire et pouvoir m'appliquer au reste avec une plus grande liberté
d'esprit.

RÈGLE V

Toute la méthode consiste dans l'ordre et l'arrangement des objets sur lesquels il faut faire porter la pénétration de l'intelligence pour découvrir quelque vérité. Nous y resterons soigneusement fidèles, si nous ramenons graduellement les propositions compliquées et obscures à des propositions plus simples, et ensuite si, partant de l'intuition de celles qui sont les plus simples de toutes, nous tâchons de nous élever par les mêmes degrés à la connaissance de toutes les autres.

C'est en cela seul que réside le plus haut point de l'industrie humaine, et cette règle ne doit pas être moins gardée par celui qui cherche à connaître les choses, que le fil de Thésée par celui qui voudrait pénétrer dans le labyrinthe. Mais beaucoup de gens, ou bien ne réfléchissent pas à ce qu'elle prescrit, ou bien l'ignorent tout à fait, ou bien présument n'en avoir pas besoin, et souvent examinent avec un tel défaut d'ordre les questions les plus difficiles qu'ils me semblent agir comme s'ils s'efforçaient de parvenir d'un saut du bas d'un édifice jusqu'au faîte. soit en négligeant les degrés de l'échelle (¹) destinés à cet usage, soit en ne les remarquant pas. Ainsi font tous les Astrologues, qui, sans connaître la nature des cieux et sans même en avoir parfaitement observé les mouvements, croient pouvoir en indiquer les effets.

Ainsi font la plupart de ceux qui étudient la Mécanique sans la Physique et fabriquent à la légère de nouveaux instruments pour produire des mouvements. Ainsi font encore ces Philosophes qui négligent les expériences et croient que la vérité doit sortir de leur propre cerveau comme Minerve de celui de Jupiter.

Et certes tous ceux dont nous venons de parler pèchent avec évidence contre notre règle. Mais, comme souvent l'ordre qu'on exige ici est tellement obscur et compliqué qu'il n'est pas au pouvoir de tous de reconnaître quel il est, c'est à peine s'il est possible de prendre assez de précautions pour ne pas s'égarer, à moins d'observer avec soin ce qui sera exposé dans la proposition suivante.

––––––––

(¹) *Scalae.*

RÈGLE VI

Pour distinguer les choses les plus simples de celles qui sont compliquées et mettre de l'ordre dans leur recherche, il faut, dans chaque série de choses où nous avons directement déduit quelques vérités les unes des autres, remarquer ce qui est le plus simple et comment tout le reste en est plus ou moins ou également éloigné.

Quoique cette proposition ne semble enseigner rien de bien nouveau, elle contient pourtant le principal secret de l'art et il n'en est pas de plus utile dans tout ce Traité. Elle nous apprend en effet que toutes les choses peuvent être distribuées en certaines séries non certes en tant qu'on les rapporte à quelque genre d'être, suivant la division qu'en ont faite les Philosophes en leurs catégories, mais en tant qu'elles peuvent être connues les unes par les autres, de telle manière que, chaque fois qu'une difficulté se rencontre, nous puissions aussitôt apercevoir s'il est utile d'en passer auparavant en revue quelques autres et lesquelles et en quel ordre.

Pour que cela puisse se faire comme il faut, on doit

noter en premier lieu que toutes les choses, — du point de vue qui peut les rendre utiles à notre dessein, où nous ne considérons pas leur nature isolée, mais où nous les comparons entre elles afin de les connaître les unes par les autres, — peuvent être dites ou absolues ou relatives.

J'appelle absolu tout ce qui contient en soi la nature pure et simple sur laquelle porte une question (¹): par exemple tout ce qu'on regarde comme indépendant, cause, simple, universel, un, égal, semblable, droit, ou autres choses de cette sorte ; et en même temps je l'appelle d'abord ce qu'il y a de plus simple et de plus facile, pour nous en servir dans la solution des questions.

Quant au relatif, c'est ce qui a la même nature ou du moins un de ses éléments en participation, en vertu de quoi on peut le rattacher à l'absolu et l'en déduire en constituant une série ; mais il renferme en outre dans son concept d'autres choses que j'appelle des rapports. Ainsi en est-il de tout ce qu'on nomme dépendant, effet, composé, particulier, multiple, inégal, dissemblable, oblique, etc. Ces choses relatives s'éloignent d'autant plus des choses absolues qu'elles contiennent plus de rapports de cette sorte subordonnés les uns aux autres. Notre règle nous avertit qu'il faut distinguer tous ces rapports et

(¹) On doit se reporter toujours, pour le sens de ce mot, à la fin de la règle XII.

prendre garde à leur connexion mutuelle et à leur
ordre naturel, de manière qu'en partant du dernier
nous puissions parvenir à ce qu'il y a de plus absolu
par l'intermédiaire de tous les autres.

Et le secret de l'art tout entier consiste à remarquer en tout avec soin ce qu'il y a de plus absolu. Il
y a des choses en effet qui, certes, à un point de vue
sont plus absolues que d'autres, mais qui, considé-
rées autrement, sont plus relatives. Ainsi l'universel
est plus absolu que le particulier, parce qu'il a une
nature plus simple, mais on peut le dire plus relatif
que ce dernier, parce qu'il tire son existence des individus, etc. De même, certaines choses sont parfois
vraiment plus absolues que d'autres, sans être pourtant encore les plus absolues de toutes : par exemple,
si nous envisageons les individus, l'espèce est quelque
chose d'absolu ; si nous avons égard au genre, elle
est quelque chose de relatif ; parmi les objets mesu-
rables, l'étendue est quelque chose d'absolu, mais
parmi les sortes d'étendue, c'est la longueur qui est
l'absolu, etc. De même enfin, pour mieux faire comprendre que nous considérons ici des séries de choses
à connaître et non la nature de chacune d'elles, c'est
à dessein que nous avons compté la cause et l'égal
parmi les choses absolues, bien que leur nature soit
vraiment relative. En effet, pour les Philosophes, la
cause et l'effet sont choses corrélatives, tandis qu'ici,
en cherchant ce qu'est un effet, il faut auparavant
connaître la cause et non inversement. Les choses

égales aussi se correspondent les unes aux autres, mais nous ne reconnaissons celles qui sont inégales qu'en les comparant aux choses égales et non inversement, etc.

Il faut noter, en second lieu, qu'il y a seulement un petit nombre de natures pures et simples qu'on puisse voir par intuition de prime abord et en elles-mêmes, sans dépendance d'aucunes autres, mais dans les expériences mêmes ou grâce à une lumière qui nous est innée. Nous disons qu'il faut les considérer avec soin, car ce sont elles que dans chaque série nous appelons les plus simples. Pour toutes les autres natures, elles ne peuvent être autrement perçues qu'en les déduisant des premières, et cela soit tout à fait immédiatement, soit seulement par deux ou trois ou plusieurs conclusions différentes, dont le nombre aussi doit être noté, afin de reconnaître si plus ou moins de degrés les éloignent de la proposition qui est la première et la plus simple. Tel est partout l'enchaînement des conséquences qui donne naissance à ces séries d'objets de recherche, auxquelles il faut ramener toute question pour être à même de l'examiner avec une méthode sûre. Mais, comme il n'est pas facile de les passer toutes en revue, et de plus, comme il ne faut pas tant les retenir de mémoire que les discerner par une certaine pénétration d'esprit, on doit chercher un moyen de donner aux esprits une formation qui leur permette de les reconnaître aussitôt, chaque fois qu'il en sera besoin.

Pour cela, assurément, rien ne convient mieux,
d'après mon expérience, que de nous accoutumer à
réfléchir avec quelque sagacité à chacune des
moindres choses que nous avons auparavant perçues.

Il faut noter enfin, en troisième lieu, qu'on ne
doit pas commencer les études par la recherche
approfondie des choses difficiles, mais qu'il est nécessaire, avant de nous apprêter à affronter quelques
questions déterminées, de recueillir spontanément
sans aucun choix les vérités qui se présentent à
nous, et de voir ensuite graduellement si l'on peut
en déduire quelques autres, puis de ces dernières
d'autres encore, et ainsi de suite. Cela fait, il faut
réfléchir attentivement aux vérités trouvées et examiner avec soin pourquoi nous avons pu trouver
les unes plus tôt et plus facilement que les autres
et quelles sont celles-là. Ainsi nous saurons juger,
en abordant une question déterminée, à quelles
autres recherches il est utile d'abord de se livrer.
Par exemple, s'il me venait à la pensée que le
nombre 6 est le double du nombre 3, je chercherais
ensuite le double du nombre 6, c'est-à-dire 12 ; je
chercherais également, si bon me semble, le double
du dernier nombre, c'est-à-dire 24, et aussi le double
de ce dernier, c'est-à-dire 48, etc. J'en déduirais,
comme c'est aisé, qu'il y a le même rapport entre
3 et 6 qu'entre 6 et 12, de même entre 12 et 24, etc., et
que par conséquent les nombres 3, 6, 12, 24, 48, etc.

sont continuellement proportionnels (^{1}). Aussi bien, quoique tout cela soit si clair qu'on le croirait presque puéril, une réflexion soutenue me fait comprendre la manière dont se compliquent toutes les questions relatives aux proportions ou rapports entre les choses que l'on peut se proposer, et l'ordre qu'exige leur recherche : et cela seul embrasse l'ensemble de toute la science des mathématiques pures.

Je fais d'abord remarquer, en effet, qu'il n'a pas été plus difficile de trouver le double du nombre 6 que le double du nombre 3. Pareillement, dans tous les cas, après avoir trouvé un rapport entre deux grandeurs quelconques, on peut donner d'autres grandeurs innombrables qui ont entre elles le même rapport. On ne change pas la nature de la difficulté (^{2}), lorsqu'on en cherche 3 ou 4 ou un plus grand nombre, car, cela va de soi, elles doivent être trouvées une à une séparément et sans avoir égard aux autres. Je fais remarquer ensuite que, les grandeurs 3 et 6 étant données, malgré la facilité qu'il y

(^{1}) Je traduis littéralement les mots : *continue proportionales, in continuâ proportione, medium proportionale*, ou *medium proportionalem*. Nous les rencontrerons encore par exemple dans les règles XI et XII (p. 53, l. 27 ; p. 104, l. 13, etc.). Nous parlerions actuellement de *progression géométrique* et il faut noter que *rapport* et *proportion* sont synonymes (voir aussitôt après : *proportiones sive habitudines*, etc.)

(^{2}) Une difficulté est un complexe de questions qu'il s'agit de résoudre.

a, d'en trouver une troisième qui soit en proportion
continue, c'est-à-dire 12, il n'est pas cependant aussi
facile en donnant les deux grandeurs extrêmes, c'est-
à-dire 3 et 12, de pouvoir trouver la grandeur
moyenne, c'est-à-dire 6, car, pour qui en examine
intuitivement la raison, il est clair qu'il y a là un
autre genre de difficulté qui diffère tout à fait du
précédent. Pour trouver en effet un moyen proportionnel, il faut en même temps faire attention aux
deux extrêmes et au rapport qui existe entre eux,
afin d'en dégager un nouveau par sa division ; c'est.
une opération tout à fait différente de celle qui est
requise, deux grandeurs étant données, pour en
trouver une troisième qui soit en proportion continue. En poursuivant, j'examine, étant données les
grandeurs 3 et 24, si l'on aurait pu aussi facilement
trouver une des deux moyennes proportionnelles,
c'est-à-dire 6 et 12. Ici s'offre encore un autre genre
de difficulté plus compliqué que les précédents :
c'est qu'ici, en effet, il faut prêter attention, non à
une chose seulement ou à deux, mais à trois choses
différentes en même temps pour en trouver une
quatrième. On peut aller encore plus loin et voir si,
étant donné seulement 3 et 48, il aurait été encore
plus difficile de trouver un des trois moyens proportionnels, c'est-à-dire 6, 12 et 24. Il semble bien
en être ainsi à première vue, mais aussitôt après il
vient à l'esprit que cette difficulté peut se diviser
et se simplifier si, cela va de soi, l'on ne cherche
d'abord qu'un seul moyen proportionnel entre 3

et 48, c'est-à-dire 12, et si l'on cherche ensuite un autre moyen proportionnel entre 3 et 12, c'est-à-dire 6, et un autre entre 12 et 48, c'est-à-dire 24. On la ramène ainsi au second genre de difficulté déjà exposé.

Tout cela me permet de remarquer en outre comment on peut chercher à connaître une même chose par différentes voies, dont l'une est de beaucoup plus difficile et plus obscure que l'autre. Soit à trouver ces quatre termes continuellement proportionnels : 3, 6, 12, 24. Si l'on en donne deux à la suite, c'est-à-dire 3 et 6, ou 6 et 12, ou 12 et 24, il sera très facile de trouver les autres et nous dirons alors que la proposition à trouver est examinée directement. Mais si l'on en donne deux alternés, c'est-à-dire 3 et 12, ou 6 et 24, pour en trouver les autres, alors nous dirons que la difficulté est examinée indirectement de la première manière. Si de même on donne les deux extrêmes, c'est-à-dire 3 et 24, pour chercher par leur moyen les intermédiaires 6 et 12, alors elle sera examinée indirectement de la seconde manière. Je pourrais continuer encore de la sorte et tirer de ce seul exemple beaucoup d'autres déductions : celles-ci suffiront pour que le lecteur comprenne ce que j'entends en disant qu'une proposition est déduite directement ou indirectement, et pense que, en partant de ce qu'il y a de plus facile et de ce qu'on connaît en premier lieu, on peut faire beaucoup de découvertes même dans d'autres disciplines, en réfléchissant avec attention et en se livrant à ses recherches avec sagacité.

RÈGLE VII

Pour l'achèvement de la science, il faut passer
en revue une à une toutes les choses qui se rattachent
à notre but par un mouvement de pensée continu
et sans nulle interruption, et il faut les embrasser
dans une énumération suffisante et méthodique.

L'observation de ce qui est proposé ici est nécessaire pour admettre comme certaines ces vérités qui,
nous l'avons dit plus haut, sont déduites des principes premiers et connus par eux-mêmes, mais non
immédiatement. Cela se fait en effet quelquefois par
un si long enchaînement de conséquences qu'après
avoir atteint ces vérités, il n'est pas facile de nous
rappeler tout le chemin qui nous y a conduits ;
c'est pourquoi nous disons qu'il faut remédier à la
faiblesse de la mémoire par une sorte de mouvement
continu de la pensée. Si donc, par exemple, diverses
opérations m'ont fait connaître d'abord quel rapport il y a entre les grandeurs A et B, ensuite entre
B et C, puis entre C et D, et enfin entre D et E : je
ne vois pas pour cela quel est celui qui existe entre

A et E, et ne puis m'en faire une idée précise (¹)
d'après les rapports déjà connus, à moins de me les
rappeler tous. C'est pourquoi, je les parcourrai un
certain nombre de fois par une sorte de mouvement
continu de l'imagination qui voit d'un seul coup (²)
chaque objet en particulier en même temps qu'elle
passe aux autres, jusqu'à ce que j'aie appris à passer
du premier rapport au dernier assez rapidement
pour que, sans laisser presqu'aucun rôle à la mémoire, il me semble voir le tout à la fois par intuition. De cette façon, en effet, en aidant la mémoire,
on corrige aussi la lenteur de l'esprit et on étend
en quelque manière sa capacité.

Et nous ajoutons que ce mouvement ne doit être
nulle part interrompu, car fréquemment ceux qui
essaient de faire quelque déduction trop rapide, en
partant de principes éloignés, ne parcourent pas
tout l'enchaînement des conclusions intermédiaires
avec un soin suffisant pour ne pas en omettre beaucoup inconsidérément. Toutefois, il est sûr que
même la moindre des omissions fait aussitôt rompre
la chaîne et ruine entièrement la certitude de la
conclusion.

En outre, nous disons ici que l'énumération est
requise pour l'achèvement de la science ; car, si les
autres préceptes nous servent, certes, à résoudre le

(¹) *Intelligere praecise.*
(²) *Imaginationis intuentis.*

plus grand nombre de questions, c'est l'énumération seule qui peut nous aider à appliquer notre
esprit à n'importe laquelle d'entre elles, à porter
toujours à son sujet un jugement sûr et certain, et
par conséquent à ne rien laisser échapper complètement, mais à paraître avoir quelque science de
toutes choses.

Cette énumération, ou induction, est donc la
recherche de tout ce qui se rapporte à une question
proposée, recherche si diligente et si soignée que
nous en tirions la conclusion certaine et évidente
que nous n'avons rien omis par mégarde ; de telle
sorte que, après en avoir usé, si l'objet de notre
recherche nous reste caché, nous soyons du moins
plus savants, en ce que nous percevons sûrement
que nous n'aurions pu le trouver par aucune des
voies qui nous sont connues ; et que si, par hasard,
comme il arrive souvent, nous avons pu parcourir
toutes les voies par lesquelles les hommes y accè-
dent, il nous soit permis d'affirmer audacieusement
que sa connaissance est hors de toute portée de
l'esprit humain.

Il faut noter en outre que, par énumération suffisante ou induction, nous entendons seulement celle
qui nous donne la vérité dans sa conclusion avec
plus de certitude que tout autre genre de preuve,
sauf la simple intuition. Chaque fois que nous ne
pouvons pas ramener à l'intuition quelque connaissance, après avoir rejeté tous les liens des syllo-

gismes, il nous reste uniquement cette voie à laquelle nous soyons obligés d'ajouter entièrement foi. Car, toutes les choses que nous avons déduites immédiatement les unes des autres, si l'inférence a été évidente, ont été déjà ramenées à une véritable intuition. Mais, si nous tirons une seule conséquence d'un grand nombre de choses séparées, souvent la capacité de notre entendement n'est pas suffisante pour lui permettre de les embrasser toutes dans une seule intuition ; en ce cas, il doit se contenter de la certitude de cette opération. De même, nous ne pouvons pas, au moyen d'une seule intuition de la vue, distinguer tous les anneaux d'une chaîne trop longue ; mais cependant, si nous avons vu le lien de chacun des anneaux avec ceux qui en sont le plus rapprochés, cela nous suffira pour dire aussi que nous avons aperçu comment le dernier se rattache au premier.

J'ai dit que cette opération doit être suffisante, parce qu'elle peut être souvent incomplète et par suite sujette à erreur. Quelquefois, en effet, alors même que par l'énumération nous parcourons un grand nombre de choses qui sont tout à fait évidentes, si nous faisons pourtant ne serait-ce que la moindre omission, il y a rupture de la chaîne et toute la certitude de la conclusion s'évanouit. Quelquefois aussi nous sommes assurés de tout embrasser dans une énumération, mais sans distinguer les choses entre

elles une à une, en sorte que nous ne connaissons
le tout que confusément.

En outre, quelquefois cette énumération doit être
complète, quelquefois distincte, et de temps en temps,
elle n'a besoin d'être ni l'une ni l'autre ; aussi
a-t-il été seulement dit qu'elle doit être suffisante.
Car, si je voulais prouver par énumération combien
il y a de genres d'êtres qui sont corporels, ou de
quelque manière tombent sous le sens, je n'affirme-
rais pas qu'il y en a un tel nombre, et non davantage, à moins d'être auparavant sûr de savoir que
je les ai tous compris dans mon énumération et que
je les ai distingués en particulier les uns des autres.
Supposons d'un autre côté que, par la même voie,
je veuille montrer que l'âme raisonnable n'est pas
corporelle, point ne sera besoin que l'énumération
soit complète, mais il suffira de rassembler tous les
corps à la fois en un certain nombre de groupes, de
manière à démontrer que l'âme raisonnable ne peut
avoir de rapport avec aucun d'eux. Supposons enfin
que je veuille montrer, par le moyen de l'énumération, que la surface du cercle est plus grande que
toutes les surfaces des autres figures d'égal péri-
mètre, point n'est besoin de passer en revue toutes
les figures, mais il suffit de faire cette démonstration
pour quelques-unes en particulier, afin d'en tirer
également par induction une conclusion identique
à l'égard de toutes les autres.

J'ai ajouté aussi que l'énumération doit être méthodique, et parce qu'il n'y a pas de remède plus efficace contre les défauts déjà énumérés que d'approfondir tout avec ordre, et même parce qu'il arrive souvent que, s'il fallait parcourir séparément chacune des choses en particulier qui se rapportent à l'objet proposé, aucune vie humaine n'y suffirait, soit à cause de leur trop grand nombre, soit à cause des répétitions trop fréquentes qui se présenteraient des mêmes objets. Mais, si nous disposons toutes ces choses dans le meilleur ordre, elles seront autant que possible ramenées à des classes déterminées, dont il suffira d'examiner soigneusement, ou bien une seule, ou bien quelque détail de chacune en particulier, ou bien quelques-unes plutôt que les autres, ou du moins nous ne parcourrons jamais rien en vain deux fois. Cette manière de faire est si utile que souvent, par suite d'un ordre bien établi, on vient à bout en peu de temps et grâce à un travail aisé de nombreuses tâches qui de prime abord paraissaient immenses.

Quant à l'ordre d'énumération des choses, il peut d'ordinaire varier et dépend de l'arbitre de chacun ; aussi, pour que la pensée soit à même de le dégager avec plus de finesse, il faut se rappeler ce qui a été dit dans la cinquième proposition. Il y a quantité de choses encore, dans les arts humains de moindre importance, qu'on trouve en faisant consister toute la méthode à établir cet ordre. Ainsi, veut-on faire une anagramme parfaite en transposant les lettres d'un nom, point n'est besoin de passer du plus facile au plus difficile, ni de distinguer les choses absolues des relatives : il n'y a pas lieu de le faire ici. Il suffira de se proposer, en examinant les transpositions des lettres, un ordre tel qu'on ne parcoure jamais deux fois les mêmes et que leur nombre soit réparti par exemple en classes déterminées, de telle sorte qu'on voie aussitôt dans lesquelles il y a plus de chance de trouver ce qu'on cherche. Par ce moyen, en effet, souvent le travail ne sera pas long : ce ne sera qu'un travail d'enfant.

Au reste, ces trois dernières propositions ne doivent pas se séparer, parce qu'il faut d'ordinaire y réfléchir à la fois et qu'elles concourent pareillement toutes à la perfection de la méthode. Il était sans grand intérêt de déterminer laquelle serait enseignée la première et nous les avons expliquées ici en peu de mots, parce que nous n'avons presque rien autre chose à faire que cela dans le reste du Traité, où nous ferons voir dans le détail ce à quoi nous nous sommes attaché ici en général.

RÈGLE VIII

Si, dans la série des objets à chercher, il se présente quelque chose que notre entendement ne puisse assez bien voir par intuition, il faut s'y arrêter, sans examiner ce qui suit, mais s'abstenir d'un travail superflu.

Les trois règles précédentes font un précepte de l'ordre et en donnent l'explication ; celle-ci montre dans quel cas il est absolument nécessaire, dans quel cas il est utile seulement. En effet, ce qui constitue un degré complet dans la série qui sert à aller des choses relatives à un absolu, ou inversement, doit nécessairement être examiné avant tout ce qui suit. Si, d'autre part, comme il arrive souvent, beaucoup de choses concernent le même degré, il est certes toujours utile de les passer toutes en revue par ordre. Quant à l'ordre, nous ne sommes pas cependant forcés de l'observer aussi strictement et rigoureusement ; d'ordinaire, quoique nous ne connaissions pas nettement toutes choses, mais un petit nombre seulement ou une seule d'entre elles, il est permis cependant de passer outre.

Cette règle découle nécessairement des raisons données pour la seconde. Pourtant, il ne faut pas croire qu'elle ne contienne rien de nouveau pour promouvoir l'érudition, bien qu'elle paraisse seulement nous détourner de la recherche de certaines choses, sans exposer aucune vérité. Elle n'enseigne en effet, certes, rien d'autre aux débutants qu'à ne pas perdre leur peine, à peu près pour le même motif que la deuxième règle. Mais, à ceux qui connaîtraient parfaitement les sept règles précédentes, elle montre pour quelle raison ils peuvent se contenter eux-mêmes dans n'importe quelle science, au point de n'avoir plus rien à désirer. Car, quiconque aura observé soigneusement les précédentes règles concernant la solution de quelque difficulté et néanmoins sera obligé par cette dernière règle à s'arrêter quelque part, connaîtra certainement alors que, malgré toute son application, il ne pourra nullement trouver la science qu'il cherche, et cela, non par la faute de son esprit, mais parce qu'il en est empêché par la nature de la difficulté elle-même ou par sa condition d'homme. Cette connaissance n'est pas une moindre science que celle qui découvre la nature de la chose elle-même, et celui-là ne paraîtrait pas avoir son bon sens qui pousserait plus loin la curiosité.

Tout cela doit être éclairci par un ou deux exemples. Ainsi, supposons que quelqu'un cherche, en s'adonnant aux seules mathématiques, cette ligne qu'en Dioptrique on appelle anaclastique, c'est-à-dire dans laquelle les rayons parallèles se réfractent de telle sorte que tous, après la réfraction, aient un seul point d'intersection. Il remarquera certes facilement, d'après les règles cinquième et sixième, que la détermination de cette ligne dépend du rapport que gardent les angles de réfraction avec les angles d'incidence ; mais, comme il ne sera pas capable de rechercher minutieusement ce rapport, qui regarde non la Mathématique mais la Physique, il sera forcé de s'arrêter ici sur le seuil. Il ne lui servira de rien de vouloir apprendre cette connaissance des Philosophes ou l'emprunter à l'expérience, car il pècherait contre la règle troisième. En outre, cette proposition est encore composée et relative ; or, ce n'est que des choses purement simples et absolues qu'on peut avoir une expérience certaine : on le dira en son lieu. C'est en vain aussi qu'il supposera entre les angles dont il s'agit un rapport qu'il soupçonnera être le plus vrai de tous, car il ne chercherait plus alors l'anaclastique, mais seulement une ligne qui serait la conséquence logique de sa supposition.

Si, d'autrè part, quelqu'un qui ne s'adonne pas aux seules Mathématiques, mais qui, suivant la première règle, désire chercher la vérité en tout ce qu'il rencontre, tombe sur la même difficulté, il trouvera de plus que le rapport entre les angles d'incidence et les angles de réfraction dépend de leur changement, par suite de la diversité des milieux ; qu'à son tour

ce changement dépend de la manière dont le rayon
pénètre à travers tout le [corps] diaphane (¹) et que
la connaissance de cette pénétration suppose connue
la nature de l'action de la lumière (²) ; et qu'enfin,
pour comprendre l'action de la lumière, il faut
savoir ce qu'est en général une puissance naturelle :
c'est finalement ce qu'il y a de plus absolu dans
toute cette série. Donc après avoir fait clairement et
en détail cet examen grâce à l'intuition intellectuelle,
il repassera par les mêmes degrés, suivant la cinquième règle, et si, dès le second degré, il ne peut
découvrir la nature de l'action de la lumière, il énumèrera, suivant la règle septième, toutes les autres
puissances naturelles, afin que la connaissance de
quelque autre de ces puissances lui fasse comprendre
cette action, du moins par analogie: nous parlerons
de l'analogie par la suite. Cela fait, il cherchera de
quelle manière le rayon pénètre à travers tout le
[corps] diaphane et il traitera ainsi par ordre de tout
le reste, jusqu'à ce qu'il parvienne à l'anaclastique
elle-même. Celle-ci a été jusqu'ici en vain l'objet
de beaucoup de recherches ; malgré cela, je ne vois
pourtant rien qui puisse empêcher quelqu'un, en se
servant parfaitement de notre méthode, d'arriver à la
connaître d'une manière évidente.

Mais donnons l'exemple le plus noble de tous. Si

(¹) Diaphane était employé substantivement au xvıı⁰ siècle.
(²) *Illuminationis naturam :* la nature de l'action d'éclai-
rer ou d'illuminer.

quelqu'un se propose comme question d'examiner toutes les vérités à la connaissance desquelles suffit la raison humaine — et il me semble que cela doit être fait une fois dans la vie par tous ceux qui s'efforcent sérieusement de parvenir à la sagesse — il trouvera sûrement, d'après les règles données, qu'aucune connaissance ne peut précéder celle de l'entendement, puisque c'est de lui que dépend la connaissance de tout le reste, et non inversement. Après avoir examiné ensuite en détail tout ce qui vient immédiatement après la connaissance de l'entendement pur, il énumèrera dans le reste tous les autres instruments de connaissance que nous avons outre l'entendement, et il y en a seulement deux qui sont : l'imagination et les sens. Il emploiera donc tous ses soins à distinguer et à examiner ces trois moyens de connaître, et voyant qu'à proprement parler la vérité ou l'erreur ne peuvent exister que dans l'entendement seul, mais qu'elles tirent souvent leur origine des deux autres moyens de connaissance, il fera soigneusement attention à tout ce qui peut le tromper, afin de s'en garder, et il énumèrera exactement toutes les voies qui sont ouvertes aux hommes vers la vérité, afin d'en suivre une de sûre : elles ne sont pas en effet si nombreuses qu'il ne les trouve toutes facilement et par une énumération suffisante. Et ce qui paraîtra merveilleux et incroyable à ceux qui ne l'ont pas expérimenté, aussitôt après avoir distingué, touchant chaque objet en particulier, les

connaissances qui remplissent ou ornent seulement
la mémoire de celles qui sont vraiment cause qu'un
homme doive être dit plus érudit, ce qu'il sera
encore facile de faire... il sera tout à fait d'avis
qu'il n'ignore rien de plus par manque d'esprit ou
d'art, et qu'il n'y a rien du tout qu'un autre homme
puisse savoir, sans que lui-même en soit capable,
pourvu seulement qu'il y applique son intelligence
comme il convient. Et, bien que souvent on puisse
lui proposer beaucoup de choses dont la recherche
lui sera interdite par cette règle-ci, comme cependant, il aura la perception claire qu'elles sont hors
de toute portée de l'esprit humain, il ne se jugera
pas pour cela plus ignorant ; mais le fait lui-même
de savoir que ce qu'il cherche ne peut être su de
personne, satisfera pleinement sa curiosité, s'il est
raisonnable.

Or, pour ne pas rester toujours dans l'incertitude sur ce que peut l'intelligence et pour qu'elle ne
travaille pas mal à propos et au hasard, avant de
nous préparer à connaître les choses en particulier,
il faut avoir une fois dans la vie cherché soigneusement de quelles connaissances la raison humaine est
capable. Pour mieux le faire, entre les choses également faciles à connaître, c'est par ce qu'il y a de
plus utile qu'on doit toujours commencer la
recherche.

Cette méthode, à la vérité, ressemble à ceux des
arts mécaniques qui n'ont pas besoin du secours

des autres, mais fournissent eux-mêmes le moyen de fabriquer leurs propres instruments. Si quelqu'un en effet voulait exercer l'un de ces arts, par exemple celui de forgeron, et qu'il fût dépourvu de tout instrument, il serait certainement forcé au début de se servir d'une pierre dure ou de quelque bloc informe de fer comme enclume, de prendre un caillou pour marteau, de disposer des morceaux de bois en forme de tenailles et de rassembler au besoin d'autres objets de ce genre. Après ces préparatifs, il ne s'efforcerait pas aussitôt de forger pour l'usage des autres des épées ou des casques ou n'importe quel objet en fer ; mais, avant tout, il fabriquerait des marteaux, une enclume, des tenailles et le restant de ce qui lui serait utile à lui-même. Cet exemple nous apprend qu'à nos débuts, après avoir pu trouver uniquement certains préceptes grossiers qui semblent plutôt innés à nos intelligences que fournis par l'art, il ne faut pas aussitôt essayer avec leur secours de trancher les différends des Philosophes ou de tirer d'embarras les Mathématiciens ; mais il faut nous en servir d'abord pour rechercher avec le plus grand soin tout ce qui est plus nécessaire à l'examen de la vérité, alors surtout qu'il n'y a pas de raison qui le fasse paraître plus difficile à trouver qu'aucune des questions proposées d'ordinaire en Géométrie ou en Physique et dans les autres disciplines.

D'autre part, il ne peut y avoir ici rien de plus

utile que de chercher ce qu'est la connaissance
humaine et jusqu'où elle s'étend. C'est pourquoi,
maintenant, nous allons traiter ce sujet dans une
seule question et nous pensons qu'il faut l'examiner
la première de toutes, en vertu des règles déjà éta-
blies précédemment. C'est ce que doit faire une fois
dans la vie quiconque aime tant soit peu la vérité,
puisque la recherche approfondie de ce point renferme les vrais instruments du savoir et toute la
méthode. Et rien ne me semble plus inepte que de
disputer (¹) audacieusement sur les secrets de la
nature, l'influence des cieux sur notre monde infé-
rieur, la prédiction de l'avenir et choses semblables,
comme beaucoup de gens le font, sans avoir pourtant jamais cherché s'il est au pouvoir de la raison
humaine de faire ces découvertes. Et on ne doit
pas considérer comme une tâche ardue ou difficile
de déterminer les limites de cet esprit que nous sentons en nous-mêmes, alors que souvent nous n'hési-
tons pas à porter un jugement sur ce qui existe en
dehors de nous et qui nous est tout à fait étranger.
Et ce n'est pas un travail immense que de vouloir
embrasser par la pensée toutes les choses qui sont
contenues dans cet univers, pour reconnaître comment chacune en particulier tombe sous l'examen de
notre intelligence. Il n'y a rien en effet de si multiple

(¹) Pour expliquer ce mot, on doit songer au rôle de la
dispute dans les classes, au temps de Descartes.

ou de si éparpillé que l'on ne puisse, au moyen de l'énumération dont nous avons traité, renfermer dans des limites déterminées et ramener à quelques points essentiels. Pour en faire l'expérience dans la question proposée, nous divisons d'abord tout ce qui la concerne en deux parties : car on doit le rapporter, soit à nous qui sommes capables de connaissances, soit aux choses elles-mêmes que l'on peut connaître. Nous allons discuter séparément ces deux points.

Et certes, nous remarquons qu'en nous l'entendement seul est capable de science : mais que trois autres facultés peuvent l'aider ou lui créer des empêchements : ce sont l'imagination, les sens et la mémoire. Il est donc nécessaire de voir par ordre en quoi chacune de ces facultés en particulier peut être un obstacle, afin de nous en garder ; ou bien en quoi elle peut nous être utile, afin d'en employer toutes les ressources. Ainsi cette partie sera, par le moyen d'une énumération suffisante, soumise à la discussion, comme on le montrera dans la proposition suivante.

Il faut en venir ensuite aux choses mêmes et ne les envisager qu'autant que l'entendement les atteint. En ce sens, nous les divisons en natures tout à fait simples et en complexes ou composées. Parmi les natures simples, il ne peut y avoir que des natures spirituelles, ou corporelles, ou qui relèvent des deux à la fois ; enfin, parmi les natures composées, les unes

sont à la vérité saisies comme telles par l'entendement, avant qu'il ne les détermine en rien par un
jugement, tandis que les autres sont de sa propre
composition. Une exposition plus détaillée de tout
cela sera donnée dans la douzième proposition, avec
la démonstration qu'il ne peut y avoir d'erreur que
dans ces dernières natures composées par l'entendement. C'est pourquoi nous distinguons dans les
natures composées celles qui se déduisent des natures
les plus simples et connues par elles-mêmes, dont
nous traiterons dans tout le livre suivant, et celles
qui en présupposent d'autres, dont l'expérience nous
découvre la composition dans la réalité, et à l'explication desquelles nous destinons le troisième livre
tout entier. Certes, dans tout ce Traité, nous nous
efforcerons de rechercher avec tant de soin et de
rendre si faciles toutes les voies ouvertes aux hommes
vers la connaissance de la vérité, que quiconque aura
parfaitement appris toute notre méthode, serait-il
d'un esprit aussi médiocre que l'on voudra, pourra
voir néanmoins qu'aucune de ces voies ne lui est
pas plus complètement fermée qu'aux autres et qu'il
n'ignore plus rien par manque d'esprit ou d'art.
Mais, chaque fois qu'il appliquera son intelligence
à la connaissance de quelque chose, ou bien il la
trouvera complètement, ou du moins il s'apercevra
qu'elle dépend d'une expérience qui n'est pas en
son pouvoir, et c'est pourquoi il ne se plaindra pas

de son esprit, bien qu'il soit forcé de s'arrêter là ;
ou enfin, il démontrera que la chose cherchée dépasse
tout à fait la portée de l'esprit humain et par suite
il ne se croira pas plus ignorant pour ce motif, parce
qu'il n'y a pas moins de science dans cette connaissance que dans n'importe quelle autre.

RÈGLE IX

*Il faut diriger toute la pénétration de notre esprit
sur ce qui est le moins important et le plus facile,
et nous y arrêter assez longtemps, jusqu'à ce que nous
ayons pris l'habitude de voir la vérité par intuition
d'une manière distincte et nette.*

Après avoir exposé les deux opérations de notre
entendement, l'intuition et la déduction, qui sont les
seules dont nous devions nous servir pour apprendre
les sciences, comme nous l'avons dit, nous allons,
dans cette proposition et la suivante, expliquer comment nous pouvons travailler à nous rendre plus
aptes à faire ces opérations et à cultiver en même
temps les deux principales facultés de notre esprit,
savoir, la perspicacité, en voyant distinctement par
intuition chaque chose en particulier, et la sagacité,
en les déduisant avec art les unes des autres.

Certes, nous connaissons la manière dont il faut
user de l'intuition intellectuelle, ne serait-ce que
par comparaison avec nos yeux. Car, celui qui veut
regarder du même coup d'œil un grand nombre
d'objets à la fois, ne voit distinctement rien d'eux ;

et pareillement, celui qui a coutume de faire attention à un grand nombre de choses à la fois, par un seul acte de la pensée, a l'esprit confus. Mais les artisans qui s'occupent d'ouvrages minutieux et qui se sont habitués à diriger attentivement la pénétration de leur regard sur chaque point en particulier, acquièrent par l'usage le pouvoir de distinguer parfaitement ce qu'il y a de plus petit et de plus délicat ; de même aussi ceux qui n'éparpillent jamais leur pensée sur divers objets à la fois, mais l'occupent sans cesse tout entière à considérer ce qu'il y a de plus simple et de plus facile, acquièrent de la perspicacité.

Cependant, c'est un défaut commun aux mortels que de regarder comme plus beau ce qu'il y a de difficile et la plupart croient ne rien savoir quand ils voient d'un fait la cause fort nette et simple, eux qui, pendant ce temps, admirent chez les Philosophes certaines raisons sublimes et tirées de loin, quoique le plus souvent elles reposent sur des fondements que personne n'a jamais suffisamment examinés en détail : ce sont assurément des insensés qui aiment mieux les ténèbres que la lumière. Or, il faut le noter, ceux qui sont véritablement savants ont une égale facilité à discerner la vérité, qu'ils la tirent d'un sujet simple ou d'un sujet obscur. Car, dans chacun de ces cas, c'est par un acte semblable, unique et distinct qu'ils la saisissent, une fois qu'ils y sont parvenus : toute la différence est dans la route, qui certainement doit être plus longue, si elle conduit à une vérité plus éloignée des principes premiers et le plus absolus.

Il faut donc que tous s'accoutument à embrasser par la pensée si peu de choses à la fois et des choses si simples que jamais ils ne croient rien savoir, sans le voir par intuition aussi distinctement que ce qu'ils connaissent le plus distinctement de tout. Quelques-uns, certes, sont naturellement beaucoup plus aptes à cela que les autres, mais l'art et l'exercice y peuvent rendre aussi les esprits beaucoup plus aptes. La seule qui importe de toutes les recommandations à faire ici, à mon avis, c'est que chacun se persuade fermement que ce n'est pas des choses grandes et obscures, mais seulement de celles qui sont faciles et plus à notre portée qu'il faut déduire les sciences, si cachées qu'on les suppose.

En effet, par exemple, supposons que je veuille examiner si quelque puissance naturelle peut, au même instant, s'exercer en un lieu éloigné, en traversant tout le milieu intermédiaire. Ce n'est pas aussitôt vers la force magnétique ou l'influence des astres, ce n'est pas même vers la rapidité de l'action de la lumière que je tournerai mon intelligence, pour chercher si par hasard de telles actions sont instantanées, car ce serait plus difficile à prouver que ce qui est l'objet de ma recherche ; mais je réfléchirai plutôt au mouvement local des corps, parce qu'il ne peut y avoir rien en tout ce genre qui soit plus perceptible aux sens. Et je remarquerai qu'une pierre, certes, ne peut instantanément passer d'un lieu à un autre, parce que c'est un corps ; tandis qu'une puissance semblable à celle qui meut la pierre se communique seulement d'une manière instantanée, si elle passe à l'état nu d'un sujet à un autre. Ainsi, en imprimant un mouvement à l'extrémité d'un bâton, quelque long qu'il soit, je coiçois facilement que la puissance qui sert à mouvoir cette partie du bâton meut nécessairement dans un seul et même instant toutes ses autres parties, parce qu'elle se communique à l'état nu, sans exister dans quelque corps, par exemple une pierre, qui servirait à la transporter.

Pareillement, si je veux savoir comment une seule et même cause simple peut produire à la fois des effets contraires, ce n'est pas sur les remèdes des Médecins qui chassent certaines humeurs et en retiennent d'autres que je m'appuierai, ce n'est pas sur la Lune qui échauffe par sa lumière et refroidit par une qualité occulte que je débiterai des sornettes, mais je considérerai plutôt par intuition la balance, dont le même poids, en un seul et même instant, élève l'un des plateaux en abaissant l'autre, et autres objets semblables.

———

RÈGLE X

Pour que l'esprit devienne sagace, on doit l'exer-
cer à rechercher ce qui a déjà été trouvé par d'autres,
et à parcourir avec méthode tous les arts ou métiers
des hommes, même les moins importants, et sur-
tout ceux qui manifestent ou supposent de l'ordre.

Je suis né, je l'avoue, avec un esprit tel que le
plus grand plaisir des études a toujours consisté
pour moi, non pas à entendre les raisons des autres,
mais à m'ingénier moi-même à les découvrir. Cela
seul m'ayant attiré, jeune encore, à l'étude des
sciences, chaque fois que le titre d'un livre me pro-
mettait une nouvelle découverte, avant de pousser
plus loin ma lecture, j'essayais si par une sagacité
innée je ne pourrais pas par hasard arriver à semblable résultat et j'évitais soigneusement de m'enle-
ver ce plaisir innocent par une lecture hâtive. Cela
me réussit tant de fois que je reconnus à la fin que
je n'arrivais plus à la vérité suivant l'habitude des
autres hommes par des recherches faites à l'aventure
et aveugles, avec le secours de la fortune plutôt
qu'avec le secours de l'art, mais qu'une longue expé-

rience m'avait permis de saisir des règles déterminées, qui ne sont pas à cet effet d'une utilité médiocre
et dont j'usai dans la suite pour en imaginer de plus
nombreuses. Ainsi j'ai soigneusement perfectionné
ma méthode tout entière et je me suis persuadé que,
dès le début, j'avais adopté la manière d'étudier la
plus utile de toutes.

Mais, parce que les esprits de tous les hommes
n'ont pas une aussi grande inclination naturelle à
rechercher minutieusement les choses par leurs
propres forces, notre proposition nous enseigne qu'il
ne faut pas d'emblée nous occuper de ce qu'il y a
de plus difficile et d'ardu, mais qu'il faut examiner
auparavant tous les arts les moins importants et les
plus simples, principalement ceux où l'ordre règne
davantage : par exemple, ceux des artisans qui tissent
des toiles et des tapisseries, ceux des femmes qui
brodent à l'aiguille ou entremêlent les fils d'un tissu
aux nuances infiniment variées ; de même tous les
jeux numériques et tout ce qui se rapporte à l'Arithmétique, et les exercices semblables. Il est merveilleux de constater combien toutes ces choses cul-
tivent l'esprit, pourvu que nous n'en empruntions
pas à autrui la découverte, mais la tirions de nous-
mêmes. En effet, comme il n'y a rien en elles qui
reste caché et comme elles répondent entièrement
à la capacité de la connaissance humaine, elles nous
présentent très distinctement des ordres innombrables, tous différents les uns des autres, assujettis

cependant à des règles, et dont l'observation exacte
constitue presque toute la sagacité humaine.

Aussi avons-nous donné l'avertissement de se
livrer à ces recherches avec méthode, et la méthode,
dans ces matières de moindre importance, ne diffère
pas habituellement de l'observation constante de
l'ordre qui existe dans l'objet même ou qu'on invente
avec finesse. Par exemple, supposons que nous voulions lire une écriture aux caractères inconnus :
aucun ordre certes n'y apparaît, mais nous en imaginons un pourtant, soit pour examiner toutes les
hypothèses qu'on peut faire touchant chaque signe
ou chaque mot ou chaque phrase en particulier ;
soit encore pour les disposer de manière à connaître
par énumération tout ce qui peut en être déduit.
Surtout il faut se garder de perdre son temps à vouloir deviner de pareilles choses fortuitement et sans
art, car, pourrait-on même les trouver souvent sans
art et parfois plus rapidement peut-être avec de la
chance qu'à l'aide d'une méthode, elles n'en affai-
bliraient pas moins la lumière de l'esprit et l'habi-
tueraient si bien à de vaines puérilités que dans la
suite il s'arrêterait toujours à la superficie des choses
sans pouvoir y pénétrer plus intimement. Mais, en
attendant, n'allons pas tomber dans l'erreur de ceux
qui n'occupent leur pensée que de choses sérieuses
et trop élevées, dont, après de multiples travaux, ils
acquièrent une science confuse, tandis qu'ils en
désirent une profonde? C'est donc sur ce qu'il y a de

plus facile que nous devons d'abord nous exercer, mais avec méthode, afin que par des voies ouvertes et connues nous nous accoutumions comme en nous jouant à pénétrer toujours jusqu'à l'intime vérité des choses. Par ce moyen, en effet, c'est peu à peu ensuite et dans un temps plus court que nous n'aurions jamais osé l'espérer, que nous aussi nous aurons conscience de pouvoir avec une égale facilité déduire de principes évidents plusieurs propositions qui paraissent très difficiles et compliquées.

Quelques-uns s'étonneront peut-être qu'en cet endroit où nous recherchons les moyens de nous rendre plus aptes à déduire les vérités les unes des autres, nous omettions tous les préceptes des Dialecticiens. Par ces préceptes ils croient régir la raison humaine en lui prescrivant certaines formes de raisonnement si nécessairement concluantes que la raison qui s'y confie, bien qu'elle aille en quelque sorte jusqu'à bannir l'évidence et l'attention de l'inférence elle-même, peut néanmoins, en vertu de la forme, conclure parfois à quelque chose de certain. C'est qu'en effet nous remarquons que la vérité s'échappe souvent de ces liens, alors que cependant ceux-là mêmes qui s'en servent y demeurent enlacés. Cela n'arrive pas aussi fréquemment aux autres et l'expérience nous montre que tous les sophismes les plus subtils ne trompent d'ordinaire presque jamais celui qui se sert de sa pure raison, mais trompent les sophistes eux-mêmes.

Aussi bien, est-ce surtout pour éviter ici que notre raison ne se donne congé pendant l'examen de quelque vérité, que nous rejetons ces formes logiques comme contraires à notre but et recherchons plutôt avec soin tout ce qui nous aide à retenir notre pensée attentive, ainsi que la suite le montrera. Or, pour qu'il apparaisse encore plus évident que cet art de raisonner (¹) ne contribue en rien à la connaissance de la vérité, il faut remarquer que les Dialecticiens ne peuvent construire avec leur art aucun syllogisme dont la conclusion soit vraie, à moins d'en avoir déjà la matière, c'est-à-dire à moins de connaître déjà auparavant la vérité elle-même qu'ils y déduisent. Il en résulte manifestement qu'une telle forme logique ne leur permet à eux-mêmes de rien percevoir de nouveau et que par suite la Dialectique ordinaire est tout à fait inutile à ceux qui veulent découvrir la vérité des choses. Elle peut seulement servir quelquefois à exposer plus facilement à d'autres les raisons déjà connues et par conséquent il faut la faire passer de la Philosophie dans la Rhétorique.

(¹) *Ars disserendi :* c'est la définition de la dialectique ou de l'art qui consiste à tirer l'inconnu du connu au moyen du *discours* ou des *formes de raisonnement* (cf. argument et argumenter au xvıı^e siècle). La critique cartésienne ne considère que son côté purement formel.

RÈGLE XI

Après l'intuition de quelques propositions simples,
quand nous en tirons une autre conclusion, il est
utile de parcourir les mêmes propositions dans un
mouvement continu et nulle part interrompu de la
pensée, de réfléchir à leurs rapports mutuels, et d'en
concevoir distinctement plusieurs à la fois, autant
qu'on le peut ; c'est ainsi, en effet, que notre con-
naissance devient beaucoup plus certaine et que
s'augmente surtout l'étendue de notre esprit.

Nous avons ici l'occasion d'exposer plus clairement ce que nous avons dit antérieurement de l'intuition intellectuelle, aux règles troisième et septième, puisque, dans l'un de ces passages nous
l'avons opposée à la déduction, et dans l'autre, à
l'énumération seulement. Nous avons défini celle-ci
une inférence tirée d'un grand nombre de choses
séparées, tandis que la simple déduction d'une chose
en partant d'une autre, nous l'avons dit au même
endroit, se fait par intuition.

Il a fallu en agir de la sorte, parce que l'intuition
intellectuelle requiert pour nous deux conditions, à

savoir que la proposition soit comprise clairement et distinctement, qu'ensuite elle soit aussi comprise tout entière à la fois et non successivement. Quant à la déduction, si nous pensons à la faire, comme dans la règle troisième, elle ne paraît pas s'accomplir tout entière à la fois, mais elle implique un certain mouvement de notre esprit qui infère une chose d'une autre ; aussi, en cet endroit, nous avons eu raison de la distinguer de l'intuition. Mais si nous la considérons déjà faite, suivant ce qui a été dit à la règle septième, elle ne désigne plus alors aucun mouvement, mais le terme d'un mouvement, et c'est pourquoi nous supposons qu'on la voit par intuition, quand elle est simple et nette, non pas quand elle est composée et compliquée. C'est à cette dernière que nous avons donné le nom d'énumération ou d'induction, parce qu'elle ne peut pas alors être saisie par l'entendement tout entière à la fois et que sa certitude dépend en quelque sorte de la mémoire, qui doit retenir les jugements portés sur chacune des parties énumérées, pour en tirer de toutes une seule conclusion.

Ce sont tout autant de distinctions qu'il fallait faire pour interpréter la règle actuelle, car, la neuvième ayant traité uniquement de l'intuition intellectuelle et la dixième de l'énumération seule, celle-ci explique de quelle manière ces deux opérations s'aident et se perfectionnent mutuellement, au point de paraître se fondre ensemble en une seule, grâce

à un mouvement de la pensée qui considère attentivement par intuition chaque objet en particulier,
en même temps qu'elle passe aux autres.

Il y a là un double avantage que nous indiquons
et qui consiste à connaître la conclusion qui nous
occupe d'une manière plus certaine et à rendre notre
esprit plus apte à faire d'autres découvertes. En
effet, la mémoire dont dépend, comme il a été dit,
la certitude des conclusions qui embrassent plus que
ne peut saisir une seule de nos intuitions, doit être,
à cause de ses oublis et de ses faiblesses, réveillée et
fortifiée par ce mouvement continu et répété de la
pensée. Par exemple supposons que, par plusieurs
opérations, je sois arrivé à connaître d'abord quel
rapport existe entre une première grandeur et une
seconde, puis entre une seconde et une troisième,
ensuite entre une troisième et une quatrième. et
enfin entre une quatrième et une cinquième : je ne
vois pas pour cela quel rapport il y a entre la première et la cinquième et je ne puis le déduire de ceux
qui sont déjà connus, à moins de me les rappeler
tous. C'est pourquoi il est nécessaire que ma pensée
les parcoure de nouveau, jusqu'à ce que je passe du
premier au dernier avec une telle rapidité que, sans
laisser à la mémoire presqu'aucun rôle, je paraisse
voir le tout à la fois par intuition.

Il n'est personne qui ne voie comment par ce
moyen on corrige la lenteur de l'esprit et on en augmente aussi l'étendue. En outre, il faut le remar-

quer, la plus grande utilité de notre règle consiste
en ce que la réflexion sur la mutuelle dépendance
des propositions simples nous fait acquérir l'habitude de distinguer sur le champ ce qui est plus ou
moins relatif et par quels degrés on le ramène à
l'absolu. Par exemple, supposons que je parcoure
quelques grandeurs continuellement proportionnelles, voici tout ce à quoi je réfléchirai. C'est par
un concept semblable, ni plus ni moins facile, que
je reconnais le rapport qui existe entre la première
et la seconde, entre la seconde et la troisième, entre
la troisième et la quatrième, etc. Mais je ne puis
concevoir aussi facilement quelle est la dépendance
de la seconde à l'égard de la première et de la troisième à la fois, et il est encore beaucoup plus difficile de concevoir la dépendance de cette même
seconde à l'égard de la première et de la quatrième, etc. De là j'arrive ensuite à saisir pourquoi,
étant donné seulement la première et la seconde, je
puis facilement trouver la troisième et la quatrième, etc. : c'est que cela se fait au moyen de concepts particuliers et distincts. Or, étant donné
seulement la première et la troisième, je ne décou-
vrirai pas aussi facilement la moyenne, car cela ne
peut se faire qu'à l'aide d'un concept enveloppant à la
fois deux des précédents. Etant donné seulement
la première et la quatrième, il me sera encore
plus difficile de voir par l'intuition les deux
moyennes, parce qu'il y a ici trois concepts impli-

qués à la fois. Aussi me semblerait-il par conséquent plus difficile encore de trouver trois moyennes entre la première et la cinquième. Il y a cependant une autre raison pour qu'il en soit autrement : c'est que, malgré la liaison qui existe ici entre quatre concepts à la fois, ils peuvent néanmoins être séparés, quatre étant divisible par un autre nombre, de manière à me rendre possible la recherche de la troisième seule au moyen de la première et de la cinquième, puis de la seconde au moyen de la première et de la troisième, etc. Celui qui a pris l'habitude de faire ces réflexions et d'autres semblables reconnaît aussitôt chaque fois, en examinant une nouvelle question, ce qui est en elle la source de la difficulté et quel est entre tous le moyen le plus simple de la résoudre : c'est ce qui nous aide le plus à connaître la vérité.

RÈGLE XII

Enfin, il faut se servir de tous les secours de l'en-
tendement, de l'imagination, des sens et de la
mémoire, soit pour avoir une intuition distincte des
propositions simples, soit pour mettre entre les
choses qu'on cherche et celles que l'on sait une
liaison convenable permettant de les reconnaître,
soit pour trouver les choses qui doivent être compa-
rées entre elles, sans négliger aucune ressource de
l'industrie humaine.

Cette règle est la conclusion de tout ce qui a été dit
précédemment et enseigne en général ce qu'il était
nécessaire d'expliquer en particulier : voici comment.

Dans la connaissance il n'y a que deux points à
considérer, savoir : nous qui connaissons et les objets
qui sont à connaître. En nous, il y a seulement quatre
facultés qui peuvent nous servir à cet usage : ce sont
l'entendement, l'imagination, les sens et la mémoire.
Seul, certes, l'entendement est capable de percevoir
la vérité, toutefois il doit être aidé par l'imagination,
les sens et la mémoire, pour ne rien négliger par

hasard de ce qui s'offre à notre industrie. Du côté de la réalité, il suffit d'examiner trois choses, savoir : d'abord ce qui se présente spontanément, ensuite comment on connaît par un autre un objet déterminé, et enfin quelles déductions on peut tirer de chacun d'eux. Cette énumération me semble complète, sans rien omettre absolument de ce à quoi peut s'étendre l'industrie humaine.

Aussi, passant au premier point, je souhaiterais exposer en cet endroit ce qu'est l'intelligence (¹) de l'homme, ce qu'est son corps, comment celui-ci est informé par celle-là, quelles sont dans tout le composé humain les facultés qui servent à la connaissance et ce que fait chacune d'elles en particulier, si la place ne me paraissait trop restreinte pour enfermer tous les préliminaires nécessaires, avant de pouvoir rendre manifeste à tous la vérité de ces choses. Je désire en effet écrire toujours de manière à ne rien affirmer de ce qu'on a coutume de mettre en controverse, à moins d'avoir préalablement donné les raisons mêmes qui m'ont conduit à mes déductions et par lesquelles je crois que les autres peuvent aussi être persuadés.

Mais, puisqu'il ne m'est pas loisible de le faire maintenant, il me suffira d'expliquer le plus brièvement possible quel mode de concevoir tout ce qui est en nous destiné à connaître les choses est le plus

(¹) *Mens*, au sens d'*âme intellective*.

utile à mon dessein. Vous ne croirez pas, s'il ne vous
plaît pas, qu'il en soit ainsi ; mais qu'est-ce qui vous
empêchera de vous en tenir aux mêmes suppositions,
s'il est visible que, sans amoindrir en rien la vérité
des choses, elles ne font que rendre tout beaucoup
plus clair ? Il n'en sera pas autrement qu'en Géométrie, où vous faites sur la quantité certaines suppositions qui n'affaiblissent d'aucune manière la
force des démonstrations, quoique vous ayez souvent
en Physique sur sa nature une idée différente.

Il faut donc concevoir (^{1}), en premier lieu, que
tous les sens externes, en tant qu'ils sont des parties
du corps, quoique nous les appliquions à leurs objets
par une action, c'est-à-dire par un mouvement local,
ne sont néanmoins à proprement parler que passifs
dans la sensation, pour la même raison qui fait que
la cire reçoit la figure qu'imprime un sceau. Et il ne
faut point penser que ces expressions soient analo-
giques ; mais il faut concevoir que l'objet modifie
réellement la figure extérieure du corps sentant, absolument de la même manière que le sceau modifie
celle qu'offre la superficie de la cire. Cela doit être
admis, non seulement lorsque par le toucher nous
sentons quelque corps comme figuré, ou dur, ou ru-
gueux, etc., mais encore lorsque, en même temps que
le toucher s'exerce, nous percevons la chaleur ou le

(^{1}) *Concevoir* ou *imaginer* s'applique à l'œuvre de l'imagination créatrice (;. 60, l. 26-27).

froid et les qualités semblables. Il en est de même
pour les autres sens : la première partie opaque de
l'œil reçoit ainsi la figure imprimée par l'action de
la lumière revêtue de diverses couleurs ; et la première membrane des oreilles, des narines et de la
langue, infranchissable à l'objet, emprunte aussi de
même une nouvelle figure au son, à l'odeur et à la
saveur (¹).

Une pareille conception de toutes ces choses est
fort utile, puisqu'il n'y a rien qui tombe plus facilement sous le sens que la figure : on la touche en
effet et on la voit. D'autre part, cette supposition
n'entraîne pas plus de fausses conséquences qu'aucune autre : la preuve en est que le concept de la
figure est si commun et si simple que tout sensible
l'enveloppe. Par exemple, que la couleur soit sup-
posée être n'importe quoi à volonté, on ne niera pas
cependant qu'elle ne soit étendue et par conséquent
figurée. Quel inconvénient en résultera-t-il donc, si,
en nous gardant d'admettre inutilement ou de former
à la légère quelque nouvel être, nous ne nions pas
certes de la couleur ce que les autres auront trouvé
bon d'en penser, mais si, faisant abstraction seulement en elle de tout le reste, sauf de ce qui constitue
une figure, nous concevons la différence qui existe

(¹) Il n'est pas besoin de tenir compte de l'anatomie ri-
goureuse des organes : ce qui en est dit suffit à expliquer
la sensation.

entre le blanc, le bleu, le rouge, etc., comme celle
qui existe entre les figures ci-contre ou d'autres semblables, etc. ?

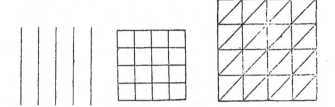

On peut en dire autant de tout, puisque la multitude infinie des figures suffit, c'est certain, à exprimer toutes les différences des objets sensibles.

En second lieu, il faut concevoir que, le sens externe étant mis en mouvement par l'objet, la figure qu'il
reçoit est transportée à une autre partie du corps
appelée sens commun, dans un même instant et sans
passage réel d'aucun être d'un endroit à l'autre. C'est
tout à fait de la même manière que maintenant il
m'arrive, en écrivant, de comprendre qu'au même
instant où chaque caractère particulier est tracé sur
le papier, non seulement la partie inférieure de ma
plume (¹) est en mouvement, mais encore qu'il ne
peut même pas exister en elle le moindre mouvement,
sans qu'il soit aussi reçu à la fois dans toute la
plume, dont la partie supérieure décrit aussi dans

(¹) Le terme de plume désigne tout l'instrument avec
lequel on écrit.

l'air toutes ces formes différentes de mouvements, quoique dans ma conception rien de réel ne passe d'une extrémité à l'autre. Qui penserait, en effet, qu'il y a moins de connexion entre les parties du corps humain qu'entre celles d'une plume et que peut-on imaginer de plus simple pour exprimer ce fait ?

En troisième lieu, il faut concevoir que le sens commun joue aussi le rôle d'un sceau pour former dans la fantaisie ou imagination (¹), comme dans de la cire, les mêmes figures ou idées (²) qui viennent des sens externes, pures et incorporelles ; et que cette fantaisie est une véritable partie du corps, dont la grandeur est telle que ses diverses portions peuvent revêtir plusieurs figures distinctes les unes des autres et d'ordinaire les retiennent assez longtemps : c'est alors qu'on l'appelle mémoire.

En quatrième lieu, il faut concevoir que la force motrice ou les nerfs eux-mêmes ont leur origine dans le cerveau, où se trouve la fantaisie, par laquelle ils sont mis en mouvement de façons différentes, comme le sens commun l'est par le sens externe ou comme la plume tout entière l'est par sa partie inférieure. Cet exemple montre aussi comment la fantaisie peut être la cause de beaucoup de mouvements dans les

(¹) Je traduirai toujours *phantasia* par *fantaisie* et *imaginatio* par *imagination*.

(²) *Figuras vel ideas.* Il faut bien noter l'équivalence de sens de ces deux mots.

nerfs, sans en avoir pourtant les images (¹) formées
en elle, mais seulement d'autres d'où peuvent s'en-
suivre ces mouvements. En effet, la plume tout entière n'est pas en mouvement comme l'est sa partie
inférieure ; bien plus, elle paraît, dans sa plus grande
partie, animée d'un mouvement tout à fait différent
et contraire. Par là s'explique comment peuvent se
faire tous les mouvements des autres animaux, bien
qu'on n'admette en eux absolument aucune connaissance des choses, mais seulement une fantaisie purement corporelle ; de même aussi comment se font en
nous-mêmes toutes les opérations que nous accom-
plissons sans l'assistance de la raison.

Cinquièmement enfin, il faut concevoir que cette
force par laquelle nous connaissons proprement les
choses est purement spirituelle et n'est pas moins
distincte du corps tout entier que le sang l'est de l'os
ou la main de l'œil ; que, de plus, elle est unique,
soit qu'elle reçoive les figures venant du sens commun, en même temps que la fantaisie, soit qu'elle
s'applique à celles qui sont conservées dans la mémoire, soit qu'elle en forme de nouvelles qui occupent tellement l'imagination que souvent elle ne suffit
pas en même temps à recevoir les idées venant du
sens commun ou à les transférer à la force motrice
suivant la simple organisation corporelle. Dans tous
ces cas, cette force de connaissance est tantôt passive,

(¹) *Imagines.*

tantôt active ; tantôt c'est le sceau, tantôt c'est la cire qu'elle imite ; toutefois, il ne faut prendre ici ces expressions qu'analogiquement, car on ne trouve dans les choses corporelles rien qui lui soit tout à fait semblable. C'est une seule et même force qui, en s'appliquant avec l'imagination au sens commun, est dite : voir, toucher, etc. ; qui, en s'appliquant à l'imagination seule en tant que celle-ci est revêtue de figures diverses, est dite : se souvenir ; qui, en s'appliquant à elle pour en former de nouvelles est dite : imaginer ou concevoir ; qui enfin, en agissant seule, est dite : comprendre. Comment se fait cette dernière opération, je l'exposerai plus longuement en son lieu. Et par suite de ces diverses fonctions, la même force est encore appelée, soit entendement pur, soit imagination, soit mémoire, soit sens, mais on lui donne proprement le nom d'esprit, lorsque tantôt elle forme de nouvelles idées dans la fantaisie et tantôt porte sur celles qui sont déjà faites. Nous la considérons comme apte à ces diverses opérations et il faudra tenir compte dans la suite de la distinction des appellations précédentes. Toutes ces conceptions ainsi formulées, le lecteur attentif conclura facilement quels sont les secours à demander à chaque faculté et jusqu'où peut s'étendre l'industrie des hommes pour suppléer aux défauts de leur esprit.

L'entendement en effet peut être mû par l'imagination ou au contraire agir sur elle ; de même l'imagination peut agir sur les sens par la force motrice

en les appliquent à leurs objets, ou au contraire eux
peuvent agir sur elle en y peignant les images des
corps ; d'autre part la mémoire, du moins celle qui
est corporelle et semblable au souvenir des bêtes
brutes, n'est aucunement distincte de l'imagination.
On en conclut avec certitude que, si l'entendement
s'occupe de ce qui n'a rien de corporel ou de semblable au corporel, il ne peut pas être aidé par les
facultés dont nous venons de parler, mais au contraire, pour qu'il ne trouve pas en elles d'empêche-
ment, il faut écarter les sens et dépouiller autant que
possible l'imagination de toute impression distincte.
Si, d'autre part, l'entendement se propose d'examiner un objet qui peut être rapporté à un corps, c'est
l'idée de cet objet qu'il faut le plus distinctement
possible former dans l'imagination ; pour le faire
plus commodément, on doit montrer aux sens externes l'objet lui-même que cette idée représentera. Une
pluralité d'objets ne peut faciliter à l'entendement
l'intuition distincte de chacun d'eux en particulier.
Mais, pour tirer d'une pluralité une seule déduction,
ce qu'on doit souvent faire, il faudra rejeter des idées
qu'on a des choses tout ce qui ne réclamera pas une
attention immédiate, afin que le reste soit plus facile
à retenir dans la mémoire. De la même manière, ce
ne seront pas alors les choses mêmes qu'il faudra
présenter aux sens externes, mais plutôt quelques-
unes de leurs figures abrégées, et celles-ci, pourvu
qu'elles suffisent à éviter une erreur de mémoire,

seront d'autant plus commodes qu'elles seront plus
brèves. Quiconque observera tout cela n'omettra rien
du tout, à ce qu'il me semble, de ce qui se rapporte
à cette partie de notre exposé.

Maintenant, nous allons aborder aussi notre second
point, distinguer soigneusement les notions que nous
avons des choses simples des notions qui en sont
composées et voir dans les unes et les autres où peut
se trouver l'erreur, afin de nous en garder, et quelles
sont celles qui peuvent être connues avec certitude,
afin de nous occuper d'elles seules. En ce lieu, comme
en ce qui précède, il faut faire certaines suppositions
que peut-être tout le monde ne concède pas ; mais
peu importe que même on ne les croie pas plus vraies
que les cercles imaginaires qui servent aux Astrono-
mes à décrire leurs phénomènes, pourvu que par leur
secours on distingue, à propos de n'importe quoi,
quelle connaissance peut être vraie ou fausse.

Nous disons donc, en premier lieu, qu'il faut considérer chacune des choses en particulier, par rapport
à notre connaissance, autrement que si nous en par-
lions comme existant réellement. Car, supposons par
exemple que nous considérions un corps étendu et
figuré, nous avouerons certes qu'il est, du côté de la
réalité, quelque chose d'un et de simple. En effet,
on ne pourrait en ce sens le dire composé de nature
corporelle, d'étendue et de figure, puisque ces éléments n'ont jamais existé distincts les uns des autres.
Mais, par rapport à notre entendement, nous disons

que c'est un composé de ces trois natures, parce que
nous avons saisi chacune d'elles séparément, avant
d'avoir pu juger qu'elles se trouvent les trois ensemble dans un seul et même sujet. C'est pourquoi ne
traitant ici des choses qu'autant qu'elles sont perçues
par l'entendement, nous appelons simples celles-là
seulement dont la connaissance est si nette et si distincte que l'intelligence ne peut les diviser en plusieurs autres connues plus distinctement : telles sont
la figure, l'étendue, le mouvement, etc. Quant aux
autres, nous les concevons toutes comme étant en
quelque façon composées de celles-ci. Il faut entendre cela d'une façon si générale qu'il n'y ait pas
même d'exception pour celles que nous tirons quelquefois par abstraction des choses simples elles-
mêmes : ainsi en est-il quand nous disons que la
figure est la limite de l'objet étendu, en concevant
par le mot de limite quelque chose de plus général
que par le mot de figure, parce que, sans aucun doute,
on peut parler aussi de la limite de la durée, de la
limite du mouvement, etc. Dans ce cas, en effet, bien
que la limite désigne une abstraction tirée de la figure, elle ne doit pas cependant être considérée pour
cela comme plus simple que ne l'est la figure ; mais
plutôt, comme on l'attribue encore à d'autres choses,
telles que le terme d'une durée ou d'un mouvement,
etc., choses qui sont d'un genre tout à fait différent
de celui de la figure, on a dû aussi l'abstraire de ces
objets, et, par suite, elle est un composé de plusieurs

natures entièrement différentes et auxquelles on ne l'applique que d'une manière équivoque (¹).

Nous disons, en second lieu, que les choses appelées simples par rapport à notre entendement sont purement intellectuelles, ou purement matérielles, ou communes. Sont purement intellectuelles, celles qui sont connues par l'entendement grâce à une lumière innée et sans l'aide d'aucune image corporelle. Or il y en a quelques-unes de telles, c'est certain, et on ne peut former aucune idée corporelle (²) qui nous représente ce qu'est la connaissance, ce qu'est le doute, ce qu'est l'ignorance, de même ce qu'est l'action de la volonté, qu'il est permis d'appeler volition, et choses semblables, que nous connaissons pourtant toutes réellement et si facilement qu'il nous suffit pour cela d'avoir reçu la raison en partage. Purement matérielles sont les choses qu'on sait n'exister que dans les corps, comme la figure, l'étendue, le mouvement, etc. Enfin, on doit appeler communes, celles qui sont attribuées tantôt aux objets corporels, tantôt aux esprits, sans distinction, comme l'existence, l'unité, la durée, et choses semblables. C'est là encore que doivent se rapporter ces notions communes qui sont comme des liens unissant entre elles

(¹) *Equivoque* (qui a plusieurs sens et désigne des objets de genre différent) s'oppose à *univoque* (qui a même sens dans des emplois différents).

(²) Cette expression s'explique par la signification donnée au terme d'idée.

d'autres natures simples et sur l'évidence desquelles
s'appuient toutes les conclusions des raisonnements.
Telles sont les suivantes : deux choses qui sont identiques à une troisième sont identiques entre elles ; de
même, deux choses qui ne peuvent pas se rapporter
à une même troisième de la même façon ont aussi
entre elles quelque différence, etc. Et de plus, ces
notions communes peuvent être connues, soit par
l'entendement pur, soit par le même entendement
voyant par intuition les images des choses matérielles.

Au reste, parmi ces natures simples, il est encore
à propos de compter la privation et la négation de
ces mêmes natures, en tant que notre intelligence les
saisit, car il n'y a pas moins de vérité dans la connaissance qui me fait voir intuitivement ce que c'est
que le néant, ou l'instant, ou le repos, que dans celle
qui me fait comprendre ce que c'est que l'existence,
ou la durée, ou le mouvement. Grâce à cette façon de
concevoir, nous pourrons dans la suite dire que tous
les autres objets de connaissance sont composés de
ces natures simples : par exemple, s'il m'arrive de
juger qu'une figure n'est pas en mouvement, je dirai
que ma pensée est en quelque sorte composée de figure et de repos, et ainsi de suite.

Nous disons, en troisième lieu, que ces natures
simples sont toutes connues par elles-mêmes et
qu'elles ne contiennent rien de faux. Il sera facile de
le montrer, si nous distinguons la faculté par laquelle

l'entendement voit les choses par intuition et les connaît, de celle par laquelle il juge en affirmant ou
niant. Il peut en effet arriver que nous pensions ignorer des choses qu'en réalité nous connaissons, et il
en est ainsi lorsque, outre cela même que nous voyons
en elles par intuition ou que notre pensée y saisit,
nous soupçonnons qu'il y a quelque autre chose de
caché pour nous, et lorsque cette pensée que nous
avons est fausse. Pour ce motif, il est évident que
nous nous trompons, si parfois nous jugeons que
quelqu'une de ces natures simples ne nous est pas
entièrement connue, car notre intelligence n'en sai-
sirait-elle que la plus petite partie, ce qui est assurément nécessaire dans l'hypothèse où nous portons
sur elle quelque jugement, il faut en conclure par là
même que nous la connaissons tout entière. Autrement, en effet, on ne saurait l'appeler simple, mais
composée de ce que nous percevons en elle et de ce
que nous en jugeons ignorer.

Nous disons, en quatrième lieu, que la liaison de
ces choses simples entre elles est ou nécessaire ou
contingente. Elle est nécessaire, lorsque l'une est im-
pliquée si intimement dans le concept de l'autre que
nous ne pouvons pas concevoir distinctement l'une
ou l'autre, si nous les jugeons séparées entre elles.
C'est de cette manière que la figure est unie à l'étendue, le mouvement à la durée ou au temps, etc., parce
qu'il n'est pas possible de concevoir une figure privée de toute étendue, ni un mouvement privé de toute

durée. De même encore, si je dis que quatre et trois
font sept, il s'agit là d'une composition nécessaire ;
nous ne concevons pas en effet distinctement le nombre sept, sans y inclure intimement le nombre trois
et le nombre quatre. Pareillement, tout ce qu'on dé-
montre concernant les figures et les nombres tient
nécessairement à l'objet dont on l'affirme. Et ce n'est
pas seulement dans les choses sensibles que se rencontre cette nécessité, mais encore ailleurs : par
exemple, si Socrate dit qu'il doute de tout,
il s'ensuit nécessairement qu'il comprend au moins
qu'il doute ; de même, qu'il sait qu'il peut y avoir
quelque chose de vrai ou de faux, etc., car ces conséquences sont liées nécessairement à la nature du
doute. Quant à l'union contingente, c'est celle qui
n'implique entre les choses aucune liaison indisso-
luble : comme quand on dit qu'un corps est animé,
qu'un homme est vêtu, etc. Il y a encore un grand
nombre de choses qui sont souvent liées entre elles
d'une manière nécessaire et que la plupart rangent
parmi les contingentes, en ne remarquant pas la relation qui existe entre elles, par exemple cette proposition : je suis, donc Dieu est ; de même : je com-
prends, donc j'ai une intelligence distincte du corps,
etc. Enfin, on doit noter que les converses (¹) de la
plupart des propositions nécessaires sont contingen-

(¹) Propositions résultant de propositions précédentes par
conversion.

tes : ainsi, quoique du fait que j'existe je tire la conclusion certaine que Dieu existe, il ne m'est pas
pourtant permis, en partant du fait que Dieu existe,
d'affirmer que moi aussi j'existe.

Nous disons, en cinquième lieu, que nous ne pouvons jamais rien comprendre en dehors de ces natures
simples et de l'espèce de mélange ou composition
qui existe entre elles. Et certes, il est souvent plus
facile d'en considérer en même temps plusieurs
jointes ensemble que d'en séparer une seule des
autres : je puis en effet, par exemple, connaître le
triangle sans avoir jamais pensé que dans cette connaissance est contenue encore celle de l'angle, de la
ligne, du nombre trois, de la figure, de l'étendue,
etc.; cela ne nous empêche pas pourtant de dire que
la nature du triangle est composée de toutes ces natures et qu'elles sont plus connues que le triangle,
puisque ce sont elles que l'intelligence découvre en
lui. Dans le même triangle sont peut-être encore ren-
fermées beaucoup d'autres natures qui nous échap-
pent, comme la grandeur des angles dont la somme
égale deux droits et les relations innombrables qui
existent entre les côtés et les angles, ou la contenance
de l'aire, etc.

Nous disons, en sixième lieu, que les natures appelées par nous composées nous sont connues, soit parce
que nous expérimentons ce qu'elles sont, soit parce
que nous les composons nous-mêmes. Nous expérimentons tout ce que nous percevons par la sensation,

tout ce que nous apprenons des autres, et générale-
ment tout ce qui parvient à notre entendement, soit
d'ailleurs, soit de la contemplation réfléchie qu'il a
de lui-même. Il faut noter à ce sujet que l'entendement ne peut jamais être trompé par aucune expérience, pourvu qu'il ait seulement l'intuition précise
de la chose qui lui est présentée, selon qu'il la possède en lui-même ou dans une image, et pourvu en
outre qu'il ne juge pas que l'imagination reproduise
fidèlement les objets des sens, ni que les sens revêtent
les véritables figures des choses, ni enfin que les
choses extérieures sont telles qu'elles nous apparaissent. C'est sur tous ces points, en effet, que nous
sommes sujets à l'erreur, comme il arrive lorsque,
après avoir entendu le récit d'une fable, nous croyons
que l'évènement a eu lieu ; lorsqu'un malade frappé
d'ictère juge que tout est jaune, parce qu'il a l'œil
coloré en jaune ; lorsqu'enfin par suite d'une lésion
de l'imagination, comme c'est le cas des atrabilaires,
nous croyons que ses images désordonnées représentent des réalités. Mais il n'y aura pas là de quoi
tromper l'entendement du sage parce que, tout ce
qu'il recevra de l'imagination sera certes jugé par
lui comme vraiment peint en elle ; néanmoins il
n'affirmera jamais que cela même est passé en entier
et sans aucun changement des choses extérieures aux
sens et des sens à la fantaisie, à moins d'en avoir
auparavant la connaissance par quelque autre moyen.
D'autre part, nous composons nous-mêmes les objets

que nous saisissons, chaque fois que nous croyons exister en eux quelque chose qu'aucune expérience n'a fait percevoir à notre intelligence immédiatement. Par exemple, s'il arrive que l'ictérique se persuade que les objets qu'il voit sont jaunes, cette pensée qu'il a sera composée de ce que sa fantaisie lui représente et de la supposition qu'il fait, savoir que la couleur jaune lui apparaît, non par suite d'un défaut de son œil, mais parce que les objets qu'il voit sont réellement jaunes. La conclusion en est que nous pouvons seulement être trompés en composant nous-mêmes en quelque manière ce que nous croyons.

Nous disons, en septième lieu, que cette composition peut se faire de trois façons, savoir par impulsion, par conjecture ou par déduction. C'est par impulsion que composent leurs jugements sur les choses ceux que leur esprit porte à quelque croyance, sans qu'ils soient persuadés par aucune raison, mais déterminés seulement, soit par quelque puissance supérieure, soit par leur propre liberté, soit par une tendance de leur imagination : la première influence ne trompe jamais, la seconde rarement, la troisième presque toujours ; mais la première n'a pas sa place ici, parce qu'elle ne relève point de l'art. La composition se fait par conjecture quand, par exemple, de ce que l'eau, étant plus éloignée du centre du monde que la terre, est aussi d'une essence plus subtile, et encore de ce que l'air, se trouvant au-dessus de l'eau, est aussi plus léger, nous conjecturons qu'au-dessus de l'air il n'y a rien qu'un éther très pur et beaucoup plus subtil que l'air lui-même, etc. Tout ce que nous composons de cette manière ne nous trompe certes pas, si nous jugeons que c'est seulement probable, sans affirmer jamais que ce soit vrai ; mais tout cela aussi ne nous rend pas plus savants.

Reste donc la déduction seule par laquelle nous puissions composer les choses de manière à être sûrs de leur vérité. Il peut y avoir pourtant en elle aussi de très nombreux défauts, comme il arrive si, de ce qu'il n'y a rien dans notre espace plein d'air que nous ne puissions percevoir par la vue, le tact ou quelque autre sens, nous en concluons que cet espace est vide, par une mauvaise liaison de la nature du vide avec celle de cet espace. Il en est ainsi toutes les fois que d'un objet particulier ou contingent nous jugeons qu'il est possible de déduire quelque chose de général et de nécessaire. Mais il a été mis en notre pouvoir d'éviter cette erreur, à condition de ne lier jamais des choses entre elles sans voir par intuition que la liaison de l'une avec l'autre est tout à fait nécessaire, comme il arrive en déduisant que rien ne peut être figuré sans être étendu, du fait que la figure a une liaison nécessaire avec l'étendue, etc.

Tout cela permet de conclure, en premier lieu, que nous avons exposé distinctement, et, à mon avis, par une énumération suffisante, ce que tout d'abord nous n'avions pu montrer que confusément et grossière-

ment, savoir qu'il n'y a pas de voies ouvertes à
l'homme pour connaître certainement la vérité en
dehors de l'intuition évidente et de la déduction nécessaire ; et de même, ce que sont les natures simples
dont il avait été question dans la huitième proposition. Et il est clair que l'intuition intellectuelle
s'étend d'un côté à ces natures-là, de l'autre à la connaissance des liaisons qui existent nécessairement
entre elles, et enfin à toutes les autres choses que
l'entendement trouve exister précisément (¹), soit en
lui-même, soit dans la fantaisie. Quant à la déduction, il en sera traité plus au long dans ce qui suit.

On en conclut, en second lieu, qu'on doit se donner de la peine, non pour connaître ces natures
simples, parce qu'elles sont assez connues par elles-
mêmes; mais seulement pour les séparer les unes des
autres et considérer à part intuitivement chacune
d'elles, en y appliquant sa pénétration intellectuelle.
Il n'est personne en effet qui soit assez faible d'esprit
pour ne pas percevoir que, lorsqu'il est assis, il n'est
plus le même en quelque manière que lorsqu'il est
debout sur ses pieds. Mais ce n'est pas tout le monde
qui sépare avec la même distinction la nature de la
situation du reste du contenu de cette pensée, et tous
ne peuvent affirmer qu'il n'y a alors rien de changé,
sauf la situation (²). Ce n'est pas en vain que nous

(¹) *Praecise.*
(²) *Situs.* En tant que catégorie, ce mot désigne l'ordre
des parties dans le lieu.

faisons ici cette remarque, parce que souvent les
lettrés ont coutume d'être si ingénieux qu'ils trouvent moyen de n'y voir goutte, même dans ce qui
est évident par soi et que les gens incultes n'ignorent
jamais. C'est ce qui leur arrive toutes les fois qu'ils
tentent d'éclaircir ces objets connus par eux-mêmes
au moyen de quelque chose de plus évident : en effet,
ils expliquent autre chose ou rien du tout. Car, qui
ne perçoit tous les changements, quels qu'ils soient,
que nous subissons en changeant de lieu, et qui pourrait concevoir la même chose, quand on lui dit que
le lieu est la superficie du corps ambiant ? Cette superficie peut changer, bien que je reste immobile et
que je ne change pas de lieu, ou au contraire se dé-
placer avec moi de manière à m'entourer de même,
bien que je ne sois plus dans le même lieu. En revan-
che, ne paraissent-ils pas proférer des paroles magi-
ques, ayant une force occulte et dépassant la portée
de l'esprit humain, ceux qui disent que le *mouvement*, chose très connue de chacun, *est l'acte de l'être
en puissance, en tant qu'il est en puissance* ? Qui
comprend en effet ces mots ? Qui ignore ce qu'est le
mouvement ? Et qui n'avouerait pas que ces hommes
ont cherché un nœud sur un jonc? Il faut donc dire
qu'on ne doit jamais expliquer les choses par aucune
définition de cette sorte, de peur de saisir au lieu du
simple le composé, mais que chacun doit seulement
les examiner séparées de tout le reste, dans une intuition attentive et selon les lumières de son esprit.

On en conclut, en troisième lieu, que toute la science humaine consiste uniquement à voir d'une manière distincte comment ces natures simples concourent ensemble à la composition des autres choses. Ce fait est très utile à noter, car, toutes les fois qu'on propose quelque difficulté à examiner, presque tous s'arrêtent sur le seuil, dans l'incertitude de savoir à quelles pensées ils doivent appliquer leur intelligence et dans la persuasion qu'il faut chercher quelque nouveau genre d'être qu'ils ignoraient auparavant, comme il arrive si l'on demande quelle est la nature de la pierre d'aimant (¹). Aussitôt ces hommes, augurant que la chose est ardue et difficile, éloignant leur intelligence de tout ce qui est évident, la tournent vers tout ce qu'il y a de plus difficile, et, partis à l'aventure, s'attendent à ce qu'elle trouve quelque chose de nouveau, en errant au milieu de l'espace vide des causes multiples. Mais celui qui pense qu'on ne peut rien connaître dans la pierre d'aimant qui ne soit composé de certaines natures simples et connues par elles-mêmes, n'a pas d'incertitude sur ce qu'il faut faire. D'abord il rassemble avec soin toutes les expériences qu'il peut se procurer à propos de cette pierre ; puis il s'efforce d'en déduire quel mélange de natures simples est nécessaire pour produire tous les effets qu'il a reconnus par expérience dans la pierre d'aimant. Ce mélange une fois trouvé, il peut audacieusement affirmer qu'il a compris la véritable

(¹) *Magnes.* Voir un peu plus bas les mots : *de hoc lapide.*

nature de la pierre d'aimant, autant qu'elle a pu être découverte par un homme et à l'aide d'expériences données.

Enfin on conclut en quatrième lieu de ce qui a été dit, que les connaissances des choses ne doivent pas être regardées comme plus obscures les unes que les autres, puisqu'elles sont toutes de même nature et ne consistent que dans une composition de choses connues par elles-mêmes. Presque personne ne le remarque, mais, prévenus en faveur de l'opinion contraire, ceux qui sont plus téméraires se permettent de donner leurs conjectures pour de vraies démonstrations, et, dans ce qu'ils ignorent entièrement, annoncent qu'ils voient des vérités souvent obscures comme à travers un nuage. Ces vérités, ils ne craignent pas de les exposer, en liant leurs concepts à des mots qui les aident ordinairement à raisonner (¹) sur beaucoup de choses et à en parler logiquement, sans être réellement compris ni d'eux-mêmes ni de ceux qui les écoutent. Quant aux plus modestes, ils s'abstiennent souvent d'examiner quantité de choses, bien qu'elles soient faciles et grandement nécessaires à la vie, seulement parce qu'ils se croient impuissants à leur égard ; et comme ils estiment qu'elles peuvent être comprises par d'autres qui sont de plus grands esprits, ils embrassent les opinions de ceux dont l'autorité leur inspire plus de confiance.

Nous disons, en cinquième lieu (²), que la déduc-

_____

(¹) *Disserere.*
(²) La copie *H* porte : *quinto*, et *A* : *octavo.*

tion peut se faire seulement, soit des mots aux choses,
soit de l'effet à sa cause, soit de la cause à son effet,
soit du semblable au semblable, soit des parties aux
parties ou au tout lui-même...

Au reste, de peur que l'enchaînement de nos préceptes n'échappe à quelqu'un, nous divisons tout ce
qui peut être connu en propositions simples et en
questions. Pour les propositions simples, nous ne
donnons pas d'autres préceptes que ceux qui prépa-
rent notre force de connaissance à saisir par intuition
n'importe quel objet d'une manière plus distincte et
à le scruter avec plus de sagacité, parce que ces propositions doivent s'offrir spontanément et ne peuvent
être objet de recherche. C'est ce à quoi nous nous
sommes attaché dans les douze premiers préceptes
et nous estimons y avoir montré tout ce qui peut, à
notre avis, faciliter en quelque manière l'usage de
la raison. Quant aux questions, les unes sont parfaitement comprises, alors même que leur solution est
ignorée : c'est d'elles seules que nous traiterons dans
les douze règles qui suivent immédiatement ; les
autres sont imparfaitement comprises et nous les réservons pour les douze dernières règles (¹). Ce n'est
pas une division trouvée sans dessein : nous l'avons
faite, soit pour ne pas être forcé de rien dire qui pré-

(¹) Le développement se termine avec la règle XVIII et
nous possédons seulement l'énoncé des trois règles suivantes,
mais cette lacune peut être comblée en partie, grâce à la
Géométrie et aux autres ouvrages de notre auteur.

suppose la connaissance de ce qui suit, soit pour enseigner en premier lieu ce à quoi nous pensons qu'il
faut aussi s'appliquer d'abord pour cultiver l'esprit.
On doit noter que, parmi les questions qui sont parfaitement comprises, nous plaçons seulement celles
où nous percevons distinctement trois choses, savoir:
quels signes permettent de reconnaître ce qu'on cherche, quand il se présente ; de quoi précisément (¹)
nous sommes obligés de le déduire ; et comment il
faut prouver qu'il y a entre ces objets une telle dépendance que l'un ne saurait aucunement changer,
quand l'autre ne change pas. De la sorte, nous avons
toutes nos prémisses et il ne reste plus à montrer que
la manière de trouver la conclusion, non pas certes en
déduisant d'une seule chose simple un objet déterminé (car cela peut se faire sans préceptes, comme on
l'a déjà dit), mais en dégageant un objet déterminé,
qui dépend de beaucoup de choses impliquées ensemble, avec un art tel qu'on n'ait besoin nulle part
d'une plus grande profondeur d'esprit que pour faire
la plus simple inférence. Les questions de cette sorte
sont abstraites la plupart du temps et ne se rencontrent guère qu'en matière d'Arithmétique ou de Géométrie : c'est pour cela qu'elles paraîtront peu utiles
à ceux qui sont inexpérimentés. J'en fais pourtant
l'avertissement : on doit s'appliquer et s'exercer assez
longtemps à l'étude de notre art, si l'on désire pos-
séder parfaitement la dernière partie de cette méthode, où nous traitons de tout le reste.

(¹) *Praecise.*

RÈGLE XIII

Si nous comprenons parfaitement une question, il faut l'abstraire de tout concept superflu, la réduire à sa plus grande simplicité et la diviser en parties aussi petites que possible en les énumérant.

Voici en quoi seulement nous imitons les Dialecticiens : pour donner les formes des syllogismes, ils supposent qu'on en connaît les termes ou la matière ; nous aussi, nous exigeons d'avance ici que la question soit parfaitement comprise. Mais nous ne distinguons pas, comme eux, deux extrêmes et un moyen : c'est de la manière suivante que nous considérons tout notre sujet. D'abord, dans toute question, il doit y avoir nécessairement quelque chose d'inconnu, car autrement sa recherche serait vaine ; deuxièmement, cet inconnu doit être désigné de quelque manière, car autrement nous ne serions pas déterminés à le chercher plutôt que n'importe quel autre objet ; troisièmement, il ne peut être ainsi désigné que par le moyen de quelque autre chose qui soit connu. Tout cela se rencontre même dans les questions imparfaites, comme il arrive lorsqu'on cherche quelle est la nature de la pierre d'aimant. Ce que nous comprenons être signifié par ces deux termes, pierre d'aimant et nature, est connu : c'est ce qui nous détermine à le rechercher plutôt qu'autre chose. Mais, en outre, pour que la question soit parfaite, nous voulons qu'elle soit complètement déterminée, de telle sorte qu'on ne cherche rien de plus que ce qui peut se déduire des données. Ainsi en est-il si quelqu'un me demande ce qu'on doit précisément (¹) inférer sur la nature de la pierre d'aimant d'après les expériences que Gilbert affirme avoir faites, qu'elles soient vraies ou fausses ; de même, s'il me demande mon opinion sur la nature du son, en ne tenant compte précisément (¹) que de ces faits : trois cordes A, B, C, donnent le même son, et parmi elles B est par supposition deux fois plus grosse que A, sans être plus longue mais tendue par un poids deux fois plus lourd, tandis que C n'est pas plus grosse que A, mais seulement deux fois plus longue et tendue par un poids quatre fois plus lourd, etc. On perçoit facilement par là comment toutes les questions imparfaites peuvent se ramener aux questions parfaites, comme on l'exposera plus longuement en son lieu. On voit aussi de quelle manière il faut se conformer à cette règle pour qu'une difficulté bien comprise soit abstraite de tout concept superflu et ramenée à une forme telle que nous n'ayons plus la pensée occupée de tel

(¹) *Praecise.*

ou tel sujet (¹) en particulier, mais seulement occupée en général à comparer certaines grandeurs entre elles. En effet, par exemple, après nous être déterminés à n'examiner que telles ou telles expériences sur la pierre d'aimant, il ne reste plus aucune difficulté à éloigner notre pensée de toutes les autres.

Ajoutez en outre que la difficulté doit être réduite à sa plus grande simplicité, d'après les règles cinquième et sixième, et divisée d'après la septième. Ainsi, en examinant la pierre d'aimant d'après plusieurs expériences, je les parcourrai séparément l'une après l'autre ; de même s'il s'agit du son, comme on l'a dit, je comparerai séparément entre elles les cordes A et B, puis A et C, etc., de manière ensuite à embrasser tout à la fois dans une énumération suffisante. Voilà, concernant les termes d'une proposition, les trois points seulement auxquels doit s'en tenir l'entendement pur, avant que nous n'abordions sa dernière solution, s'il est besoin d'utiliser les onze règles suivantes. Comment il faut s'y prendre pour cela, c'est la troisième partie de ce Traité qui l'expliquera plus clairement. D'autre part, nous entendons par questions tout ce en quoi on trouve du vrai ou du faux, et il faut énumérer les divers genres de questions pour déterminer ce que nous sommes capables de faire au sujet de chacune d'elles.

Nous avons déjà dit que c'est dans la seule intuition

_____

(¹) *Subjectum.*

des choses, soit simples, soit liées qu'il ne peut y
avoir d'erreur. Aussi bien, n'est-ce pas en ce sens
qu'on les appelle des questions, mais elles prennent
ce nom dès que nous décidons de porter sur elles un
jugement déterminé. En effet, ce ne sont pas seulement les demandes faites par d'autres que nous mettons au nombre des questions, mais, touchant l'ignorance même ou plutôt le doute de Socrate, il s'est agi
d'une question aussitôt que Socrate, portant son attention sur ce point, se mit à rechercher s'il était vrai
qu'il doutât de tout, et en émit l'affirmation.

Or nous cherchons, soit les choses par les mots,
soit les causes par leurs effets, soit les effets par leurs
causes, soit le tout par ses parties ou d'autres parties
par quelques-unes d'entre elles, soit enfin plusieurs
choses à la fois par ce dont nous venons de parler.

Nous disons qu'on cherche les choses par les mots,
toutes les fois que la difficulté réside dans l'obscurité
du langage. C'est ici que ne se rattachent pas seulement toutes les énigmes, comme celle du Sphinx sur
l'animal qui au début est quadrupède, ensuite bipède,
et enfin marche dans la suite sur trois pieds ; de
même celle des pêcheurs qui, debout sur le rivage,
munis d'hameçons et de lignes pour prendre les
poissons, disaient qu'ils n'avaient plus ceux qu'ils
avaient pris et qu'inversement ils avaient ceux qu'ils
n'avaient pu encore prendre, etc. ; mais en outre,
dans la plupart des cas sur lesquels disputent les
lettrés, il s'agit presque toujours d'une question de

mots. Et il ne faut pas avoir si mauvaise opinion d'assez grands esprits qu'on les croie concevoir mal les choses elles-mêmes, toutes les fois qu'ils ne les expliquent pas en termes suffisamment convenables. S'il leur arrive par exemple d'appeler *lieu la superficie du corps ambiant*, ils ne conçoivent en réalité rien de faux, mais ils abusent seulement du terme de lieu, qui signifie d'après l'usage commun cette nature simple et connue par elle-même, en vertu de laquelle une chose est dite se trouver ici ou là. Elle consiste toute dans un certain rapport entre l'objet qu'on dit être dans le lieu et les parties de l'espace *extérieur* ; et certains, voyant que le nom de lieu était employé pour désigner la superficie ambiante, l'ont appelée improprement : *lieu interne* (¹). Il en est de même de tout le reste. Ces questions de mots se rencontrent si fréquemment que, s'il y avait toujours accord entre les Philosophes sur la signification des mots, ce serait la suppression de presque toutes leurs controverses.

La recherche des causes par leurs effets a lieu chaque fois que nous essayons de découvrir, à propos d'une chose, si elle est ou ce qu'elle est...

Du reste, lorsqu'on nous propose une question à résoudre, il arrive souvent que nous ne remarquons pas aussitôt à quel genre elle appartient, ni si ce sont les choses qu'on cherche par les mots ou les

(¹) *Ubi intrinsecum.*

causes par leurs effets, etc ; c'est pourquoi il me
semble superflu d'entrer dans plus de détails sur ces
cas en particulier. Car il sera plus court et plus com-
mode de traiter en même temps et avec ordre de tout
ce qu'il faut faire pour résoudre n'importe quelle
difficulté. Par suite, une question quelconque étant
donnée, il faut nous efforcer d'abord de comprendre
distinctement ce qu'on cherche.

Fréquemment, en effet, quelques-uns se mettent à
scruter des propositions avec tant de hâte qu'ils appliquent à leur solution un esprit errant à l'aventure,
avant de remarquer à quels signes ils reconnaîtront
l'objet cherché, s'il vient à se présenter. Ils ne sont
pas moins niais qu'un serviteur envoyé quelque part
par son maître et qui serait si désireux d'obéir qu'il
se mettrait à courir en hâte sans avoir encore reçu
d'ordre et sans savoir où on lui ordonne d'aller.

Au contraire, dans toute question, quoiqu'il doive
y avoir quelque chose d'inconnu, car autrement sa
recherche serait vaine, il faut néanmoins que cet
inconnu soit désigné par des conditions si précises
que nous soyons entièrement déterminés à rechercher un objet particulier plutôt qu'un autre. C'est à
l'examen de ces conditions, disons-nous, qu'il faut
dès le début nous livrer, et c'est ce qui arrivera si
nous appliquons notre pénétration intellectuelle à les
saisir distinctement par intuition une à une, en re-
cherchant avec soin quelle limitation reçoit de chacune d'elles cet inconnu que nous cherchons. L'esprit

humain, en effet, a coutume de se tromper ici de deux façons, soit en prenant quelque chose de plus que ce qui lui a été donné pour déterminer la question, soit au contraire en faisant quelque omission.

Il faut nous garder de supposer plus de choses et des choses plus précises que celles qui nous ont été données : surtout dans les énigmes et dans les autres demandes artificieusement faites pour mettre les esprits dans l'embarras, mais parfois aussi dans d'autres questions, lorsque pour les résoudre on semble supposer comme certain ce qu'aucune raison déterminée mais seulement une opinion invétérée nous a persuadé. Par exemple, dans l'énigme du Sphinx, il ne faut pas croire que le mot pied désigne seulement de véritables pieds d'animaux, mais il faut voir encore si l'on ne peut pas l'appliquer, comme il arrive, à d'autres choses, savoir aux mains de l'enfant et au bâton du vieillard, parce qu'ils s'en servent tous deux comme de pieds pour marcher. De même, dans l'énigme des pêcheurs, il faut prendre garde que la pensée des poissons ne s'empare tellement de notre intelligence qu'elle l'empêche de songer à ces animaux que souvent les pauvres portent sur eux sans le vouloir et qu'ils rejettent après les avoir pris (¹). De même, si l'on cherche comment a été construit un vase semblable à celui que nous avons vu un jour,

---

(¹) Le terme de poisson sert, en effet, à détourner la pensée des mots qu'il faudrait seulement considérer.

au milieu duquel s'élevait une colonne surmontée
d'une statue de Tantale paraissant avide de boire ;
vase qui contenait parfaitement l'eau qu'on y ver-
sait, tant qu'elle n'atteignait pas un niveau assez
élevé pour entrer dans la bouche de Tantale, mais qui
la laissait échapper toute sur le champ, dès qu'elle
parvenait à ses lèvres malheureuses. Il semble de
prime abord que tout l'artifice ait consisté à construire cette statue de Tantale, qui cependant en réalité ne détermine aucunement la question, mais n'en
est qu'un complément. Car toute la difficulté consiste uniquement à chercher comment construire le
vase pour que l'eau s'en échappe complètement, dès
qu'elle atteint une certaine hauteur et pas du tout
auparavant. De même enfin si, d'après toutes les
observations que nous possédons sur les astres, on
cherche ce que nous pouvons assurer avec certitude
touchant leurs mouvements, il ne faut pas faire,
comme les Anciens, la supposition gratuite que la
terre est immobile et placée au centre du monde,
parce qu'il nous a paru dès notre enfance en être
ainsi, mais on doit même révoquer cette opinion en
doute, pour examiner ensuite ce que nous pouvons
établir de certain à ce sujet. Et ainsi du reste.

Nous péchons par omission, toutes les fois qu'une
condition requise pour déterminer une question y est,
soit exprimée, soit comprise en quelque manière,
sans que nous y réfléchissions. C'est ce qui arrive dans
la recherche d'un mouvement perpétuel qui ne soit

pas un mouvement naturel, comme celui des astres ou des eaux de source, mais produit par l'industrie humaine, si quelqu'un (comme certains ont cru qu'on pouvait le faire, dans l'idée que la terre se meut toujours en cercle autour de son axe et que la pierre d'aimant conserve toutes les propriétés de la terre), si quelqu'un pense qu'il trouvera ce mouvement perpétuel en disposant cette pierre de manière à ce qu'elle se meuve en cercle ou du moins qu'elle communique au fer son mouvement avec ses autres propriétés. Réussirait-il, son art ne produirait pas cependant un mouvement perpétuel, mais il utiliserait seulement celui qui est naturel et n'agirait pas autrement que s'il disposait une roue sous la chute d'un fleuve de manière à la mettre toujours en mouvement ; il omettrait donc celui-là une conception requise pour déterminer la question, etc.

La question étant suffisamment comprise, il faut voir précisément (¹) en quoi consiste sa difficulté, pour l'abstraire de toute autre chose et la résoudre plus facilement.

Il ne suffit pas toujours de comprendre une question pour connaître où réside sa difficulté, mais il faut en outre réfléchir à chacune des choses qui y sont requises, afin que, si nous y rencontrons des choses faciles à trouver, nous les laissions de côté, et qu'après en avoir débarrassé la proposition, il y

---

(¹) *Praecise.*

demeure seulement ce que nous ignorons. Ainsi,
dans la question du vase décrit un peu plus haut,
nous remarquons facilement comment le vase doit
être fait : la colonne dressée en son milieu, l'oi-
seau (¹) peint, etc. Tout cela rejeté comme ne se
rapportant pas au sujet, reste la difficulté pure et
simple (²) qui réside en ce fait que l'eau contenue
auparavant dans le vase, après être arrivée à une
certaine hauteur, s'en échappe toute. D'où cela
provient-il ? C'est ce qu'il faut chercher.

Ici donc, disons-nous, il est seulement important
de passer en revue avec ordre tout ce qui nous a été
donné dans une proposition, en rejetant ce que nous
verrons clairement ne pas se rapporter au sujet, en
gardant ce qui est nécessaire et en renvoyant ce qui
est douteux à un examen plus attentif.

(¹) Le manuscrit *A* porte *avis* et *H axis*.
(²) *Nuda..*

RÈGLE XIV

La même règle doit être appliquée à l'étendue réelle des corps et tout entière proposée à l'imagination à l'aide de figures pures et simples ([1]) *: ainsi, en effet, elle sera beaucoup plus distinctement comprise par l'entendement.*

Pour utiliser aussi le secours de l'imagination, il faut noter qu'en déduisant un objet déterminé et inconnu d'un autre déjà connu antérieurement, on ne trouve pas pour cela chaque fois un nouveau genre d'être. Il y a seulement une extension de toute notre connaissance qui nous fait comprendre que d'une manière ou d'une autre l'objet cherché participe de la nature de ceux qui nous ont été donnés dans la proposition. Par exemple, si quelqu'un est aveugle de naissance, il n'y a pas d'espoir pour nous d'arriver jamais par le raisonnement à lui faire percevoir de véritables idées des couleurs, comme celles que nous avons en les tirant de nos sens ; mais, si quelqu'un a vu autrefois les couleurs

([1]) *Nudas.*

principales, sans avoir jamais vu les couleurs intermédiaires et mixtes (¹), il peut arriver qu'il se forme
aussi des images de celles qu'il n'a point vues, grâce
à leur ressemblance avec les autres, au moyen d'une
déduction. De la même manière, s'il y a dans la
pierre d'aimant quelque genre d'être qui n'ait rien
de semblable à ce que notre entendement a perçu
jusqu'ici, on ne doit pas espérer arriver jamais à le
connaître en raisonnant, car il faudrait être doué
pour cela ou d'un nouveau sens ou d'une intelligence divine. Tout ce que peut donner en ce cas
l'esprit humain, nous croirons l'avoir obtenu, si
nous percevons très distinctement le mélange d'êtres
ou de natures déjà connus, qui produit les mêmes
effets que l'on découvre dans la pierre d'aimant.

Certes, tous ces êtres déjà connus, tels que l'étendue, la figure, le mouvement, et choses semblables,
qu'il n'est pas à propos d'énumérer ici, sont connus
en divers sujets par le moyen d'une même idée, et
nous n'imaginons pas autrement la figure d'une
couronne, si elle est d'argent, que si elle est d'or.
Cette idée commune ne se transfère d'un sujet à un
autre que par une simple comparaison : nous affir-
mons que ce qu'on cherche est sous tel ou tel rapport semblable, identique ou égal à un objet donné,
de telle sorte que, dans tout raisonnement, c'est par

(¹) La liste des couleurs principales était par exemple la
suivante : blanc, violet, rouge, jaune, vert, bleu, noir. Les
autres couleurs se rattachaient à celles-là.

une comparaison seulement que nous connaissons la vérité d'une manière précise (¹). Par exemple dans ce cas : tout A est B, tout B est C, donc tout A est C, on compare entre eux ce qui est cherché et ce qui est donné, c'est-à-dire A et C, sous ce rapport que l'un et l'autre est B, etc. Mais parce que, nous en avons déjà fait l'avertissement, les formes des syllogismes ne nous aident en rien à percevoir la vérité des choses, il sera avantageux pour le lecteur, après les avoir complètement rejetées, de concevoir toute connaissance qui ne s'obtient pas au moyen de l'intuition pure et simple d'un objet isolé comme s'obtenant absolument par la comparaison de deux ou plusieurs objets entre eux. Et certes, presque toute l'industrie de la raison humaine consiste à préparer cette opération, car, lorsqu'elle est manifeste et simple, il n'est besoin d'aucun secours de l'art, mais des seules lumières naturelles pour voir intuitivement la vérité qu'on obtient par elle.

Il faut noter que les comparaisons sont dites simples et manifestes, dans tous les cas seulement où ce qu'on cherche et ce qui est donné participent également d'une certaine nature. Quant à toutes les autres comparaisons, elles ont besoin d'être préparées et il n'y a pas à cela d'autre motif que le suivant : la nature commune ne se trouve

(¹) *Praecise.*

pas dans les deux objets d'une manière identique,
mais selon certains autres rapports ou proportions
qui l'enveloppent. Et dans sa plus grande partie,
l'industrie humaine ne consiste pas à autre chose
qu'à transformer ces proportions de manière à voir
clairement l'égalité qui existe entre ce qu'on cherche et ce qu'il y a de connu.

Il faut noter ensuite que rien ne peut se ramener
à cette égalité si ce n'est ce qui comporte le plus
et le moins, et tout cela est compris sous le nom
de grandeur. De la sorte une fois que, d'après la
règle précédente, les termes de la difficulté ont été
abstraits de tout sujet, nous voyons ici que nous
n'avons dans la suite qu'à nous occuper des grandeurs en général.

D'autre part, afin d'avoir même alors quelque
chose à imaginer et de ne pas nous servir de l'entendement pur, mais de l'entendement aidé des
espèces (¹) représentées dans la fantaisie, il faut
noter enfin que rien ne se dit des grandeurs en
général qui ne puisse aussi se rapporter spéciale-
ment à n'importe laquelle en particulier (²).

Il est facile d'en conclure qu'il ne nous sera pas
peu utile d'appliquer ce que nous comprendrons
être dit des grandeurs en général à l'espèce de gran-

(¹) *Speciebus.* Descartes n'a pas encore employé ce mot au
sens de l'*espèce* (impresse ou expresse) des Scolastiques.
Cf. p. 100, l. 10.
(²) *In specie.*

deur qui entre toutes sera représentée le plus facilement et le plus distinctement dans notre imagination. Cette espèce de grandeur est l'étendue réelle
du corps, abstraction faite de tout le reste sauf de
la figure : cela résulte de ce qui a été dit à la règle
douzième, où nous avons conçu la fantaisie elle-
même, avec les idées qui se trouvent en elle, comme
n'étant rien autre chose qu'un véritable corps réel,
étendu et figuré. C'est aussi évident par soi-même,
puisque, dans aucun autre sujet, on ne voit pas plus
distinctement toutes les différences des proportions.
En effet, quoiqu'un objet puisse être dit plus ou
moins blanc qu'un autre, de même un son plus ou
moins aigu, et ainsi du reste, nous ne pouvons cependant définir avec exactitude s'il y a dans cet écart un
rapport double ou triple, etc., à moins de recourir
à une analogie avec l'étendue d'un corps figuré.
Qu'il reste donc fermement certain que les questions parfaitement déterminées ne contiennent presqu'aucune difficulté en dehors de celle qui consiste à ramener les proportions à des égalités : tout
ce en quoi se trouve précisément une telle difficulté
peut et doit facilement se séparer de tout autre sujet
et se ramener à une étendue ou à des figures. C'est
d'elles seulement que pour ce motif nous traiterons par la suite jusqu'à la règle vingt-cinquième,
en laissant de côté toute autre considération.

Nous souhaiterions ici avoir un lecteur porté à
l'étude de l'Arithmétique et de la Géométrie, tout

en préférant qu'il ne s'en fût pas encore occupé,
plutôt que de s'y être instruit à la manière ordinaire. Car l'emploi des règles que je vais donner
maintenant est beaucoup plus facile, dans leur étude,
à laquelle il suffit entièrement, que dans n'importe
quel autre genre de questions. Son utilité est telle
pour acquérir une plus haute sagesse que je ne crain-
drai pas de le dire : cette partie de notre méthode
n'a pas été inventée à cause des problèmes mathématiques, mais ce sont eux plutôt qu'on ne doit
presque étudier qu'en vue de la cultiver. Et je ne
supposerai rien de ces disciplines, sauf par hasard
certains axiomes connus par eux-mêmes (¹) et à la
portée de tout le monde ; mais leur connaissance,
telle qu'on la rencontre ordinairement chez d'autres,
bien qu'elle ne soit altérée par aucune erreur décla-
rée, est pourtant obscurcie par un grand nombre
de principes détournés et mal conçus, que nous
nous efforcerons çà et là de corriger dans la suite.
Par étendue nous entendons tout ce qui a une longueur, une largeur et une profondeur, sans rechercher si c'est un véritable corps ou un espace seulement ; et il n'est pas besoin d'une plus longue explication, à ce qu'il semble, puisqu'il n'y a rien du
tout qui soit perçu plus facilement par notre imagination. Néanmoins, parce que les lettrés usent souvent de distinctions si subtiles qu'ils font évanouir

(¹) *Per se nota.*

la lumière naturelle et trouvent des ténèbres même dans ce que les hommes incultes n'ignorent jamais, il faut les avertir que l'étendue ne désigne pas ici quelque chose de distinct et de séparé du sujet lui-même, et que nous ne reconnaissons pas en général d'êtres philosophiques de cette sorte, qui ne tombent pas réellement sous les prises de l'imagination. Car, alors même que quelqu'un pourrait se persuader par exemple qu'en réduisant à rien tout ce qui est étendu dans la nature, il ne répugne pas cependant que l'étendue même n'existe par elle seule, toutefois il ne se servira pas d'une idée corporelle (¹) pour former ce concept, mais de son seul entendement qui porte mal à propos un jugement. Il l'avouera lui-même, s'il réfléchit attentivement à l'image même de l'étendue qu'il s'efforcera de se représenter alors dans sa fantaisie : il remarquera en effet qu'il ne la perçoit pas privée de tout sujet, mais qu'il l'imagine tout autrement qu'il ne juge, de telle sorte que ces êtres abstraits (quelle que soit l'opinion de l'entendement sur la vérité du fait) ne sont pourtant jamais formés dans la fantaisie séparément de leurs sujets.

Or, comme nous avons l'intention de ne rien faire dans la suite sans le secours de l'imagination, il est important de distinguer prudemment au moyen

(¹) Nous avons déjà trouvé cette expression plus haut dans la règle XII.

de quelles idées les significations particulières des
mots doivent être proposées à notre entendement.
C'est pourquoi nous nous proposons d'examiner ces
trois formules : *l'étendue occupe le lieu, le corps a
de l'étendue,* et *l'étendue n'est pas le corps.*

La première montre comment l'étendue est prise
pour ce qui est étendu. Je conçois en effet entièrement la même chose en disant : *l'étendue occupe le
lieu,* qu'en disant : *ce qui est étendu occupe le lieu.*
Néanmoins, pour éviter l'ambiguïté, il ne vaut pas
mieux se servir du terme : *ce qui est étendu,* car il
ne signifierait pas aussi distinctement ce que nous
concevons, c'est-à-dire qu'un sujet (¹) occupe le
lieu parce qu'il est étendu. On pourrait entendre
seulement par là : *ce qui est étendu est un sujet qui
occupe le lieu,* comme si je disais : *un être animé
occupe le lieu.* Cette raison explique pourquoi nous
avons dit que nous avions ici l'intention de traiter
de l'étendue plutôt que de ce qui est étendu, alors
même qu'elle ne doive pas à notre avis être conçue
autrement que ce qui est étendu.

Passons maintenant à ces paroles : *le corps a de
l'étendue,* où nous comprenons que *l'étendue* signifie autre chose que le corps ; nous ne formons pas
cependant dans notre fantaisie deux idées distinctes,
celle du corps et celle de l'étendue, mais uniquement celle du corps étendu. Il n'en va pas autre-

(¹) *Subjectum.*

ment, du côté de la réalité (¹), que si je disais :
le corps est étendu, ou plutôt : *ce qui est étendu est
étendu.* Et c'est là le propre de ces êtres qui n'existent
que dans un autre et ne peuvent jamais être
conçus sans un sujet (²). Il en est autrement de ceux
qui sont réellement distincts de leurs sujets, car, si
je disais par exemple : *Pierre a des richesses,* l'idée
de Pierre est tout à fait différente de celle de
richesses ; de même si je disais : *Paul est riche,* je
m'imaginerais tout autre chose que si je disais : *le
riche est riche.* La plupart ne distinguent pas cette
différence et croient à tort que l'étendue possède
quelque chose de distinct de ce qui est étendu, comme
les richesses de Paul sont autre chose que Paul.

Enfin si l'on dit : *l'étendue n'est pas le corps,*
alors le mot d'étendue est pris dans un tout autre
sens que ci-dessus. En ce sens, il n'y a pas d'idée
particulière qui lui corresponde dans la fantaisie,
mais toute cette énonciation est le fait de l'entendement
pur, qui a seul le pouvoir d'isoler des êtres
abstraits de cette sorte. C'est là une occasion d'erreur
pour la plupart des gens : ils ne remarquent
pas que l'étendue prise en ce sens ne peut être saisie
par l'imagination, et ils se la représentent par une
véritable idée. Une telle idée enveloppant nécessairement
le concept de corps, s'ils disent que l'éten-

(¹) *A parte rei.*
(²) ... *entibus* ... *in alio* ... *sine subjecto*...

due ainsi conçue n'est pas le corps, ils se jettent
imprudemment dans cet embarras que *la même
chose est à la fois corps et non-corps*. Il est très
important de distinguer les énonciations dans lesquelles les noms de cette sorte : *étendue, figure,
nombre, superficie, ligne, point, unité*, etc., ont
une signification si étroite qu'ils excluent quelque
chose dont en réalité ils ne sont pas distincts, comme
lorsqu'on dit : *l'étendue* ou *la figure n'est pas le
corps; le nombre n'est pas la chose nombrée; la surface est la limite du corps, la ligne celle de la surface, le point celle de la ligne ; l'unité n'est pas une
quantité*, etc. Toutes ces propositions et leurs semblables doivent être entièrement écartées de l'imagination, à supposer qu'elles soient vraies ; c'est
pourquoi nous n'avons pas l'intention d'en traiter
dans la suite.

Il faut le noter encore avec soin : dans toutes les
autres propositions où ces mots, tout en gardant la
même signification et en étant pareillement employés
séparément de leurs sujets, n'excluent cependant ou
ne nient rien de ce dont ils ne sont pas réellement
distingués, c'est du secours de l'imagination que nous
pouvons et devons nous servir. Alors en effet, bien que
l'entendement ne fasse attention précisément (¹) qu'à
ce qui est désigné par le mot, l'imagination cependant doit former une idée vraie de la chose, pour

(¹) *Praecise*.

permettre à l'entendement de se tourner au besoin vers ses autres conditions qui ne sont pas exprimées par le mot, sans jamais juger imprudemment qu'elles ont été exclues. Par exemple, s'il est question du nombre, nous imaginerons un sujet (¹) mesurable au moyen de beaucoup d'unités, et, bien que l'entendement réfléchisse présentement à sa multiplicité seule, nous prendrons garde néanmoins qu'il n'en vienne dans la suite à tirer quelque conclusion dans laquelle on suppose que la chose nombrée est exclue de notre concept. C'est ce que font ceux qui mettent dans les nombres d'étonnants mystères et de pures sottises, auxquels certes ils n'ajouteraient pas une telle foi, s'ils ne concevaient pas le nombre comme distinct des choses nombrées. De même, si nous traitons de la figure, nous penserons que nous traitons d'un sujet étendu, que nous concevons seulement sous ce rapport qu'il est figuré ; si nous traitons du corps, nous penserons que nous traitons du même sujet, en tant qu'il est long, large et profond ; si nous traitons de la surface, nous le concevrons comme long et large, en laissant de côté sa profondeur, sans la nier ; si nous traitons de la ligne, ce sera en tant qu'il est long seulement ; si nous traitons du point, ce sera en laissant de côté tout le reste, sauf qu'il est un être.

Malgré l'ampleur avec laquelle je fais ici toutes

(¹) *Subjectum.*

ces déductions, l'esprit des mortels est toutefois si
prévenu que je crains encore qu'un très.petit nombre seulement soit sur ce point suffisamment garanti
contre tout péril d'erreur, et dans un long exposé
trouve trop brève l'explication de ma pensée. En
effet, les arts eux-mêmes de l'Arithmétique et de
la Géométrie, bien qu'ils soient les plus certains de
tous, sont ici pourtant une source d'erreur. Quel
Calculateur en effet ne pense pas que ses nombres
ont été, non seulement abstraits de tout sujet par
l'entendement, mais qu'il faut aussi les en distinguer vraiment par l'imagination ? Quel Géomètre,
en dépit de ses principes, n'obscurcit pas l'évidence
de son objet, en jugeant que les lignes manquent de
largeur et les surfaces de profondeur, tout en les
composant ensuite les unes par les autres, sans
remarquer que la ligne, dont il conçoit que le mouvement donne naissance à la surface, est un véritable corps, tandis que celle qui manque de largeur
n'est qu'un mode (¹) du corps, etc. ? Mais, pour ne
pas nous arrêter trop longtemps à ces détails, il sera
plus court d'exposer de quelle manière nous supposons que notre objet doit être conçu pour démontrer à son égard le plus facilement possible tout ce
qu'il y a de vrai en matière d'Arithmétique et de
Géométrie.

Nous nous occupons donc ici d'un objet étendu,

(¹) *Modum.*

sans considérer absolument rien d'autre en lui que
son étendue même et en évitant à dessein le mot
de quantité, parce qu'il y a certains Philosophes
tellement subtils qu'ils ont aussi distingué celle-ci
de l'étendue. Mais nous supposons que toutes les
questions ont été amenées au point qu'on n'y
cherche rien d'autre qu'une étendue à connaître,
par comparaison avec une autre étendue connue.
Comme nous n'attendons pas ici en effet la connaissance d'un nouvel être, mais voulons seulement
ramener les proportions, pour compliquées qu'elles
soient, au point que ce qui est inconnu soit trouvé
égal à quelque chose de connu, il est certain que
toutes les différences de proportions, qui se rencontrent dans d'autres sujets, peuvent aussi être trouvées entre deux ou plusieurs étendues. Dès lors, il
suffit à notre dessein de considérer dans l'étendue
elle-même tous les aspects qui peuvent nous aider
à exposer les différences de proportions, et il ne s'en
présente que trois, savoir la dimension, l'unité et
la figure.

Par dimension, nous n'entendons pas autre chose
que le mode et la manière selon laquelle un sujet
est considéré comme mesurable : de la sorte, non
seulement la longueur, la largeur et la profondeur
sont les dimensions du corps, mais encore la pesanteur est la dimension suivant laquelle les sujets (¹)

(¹) *Subjecta.*

sont pesés, la vitesse est la dimension du mouvement,
et infinité d'autres choses de cette sorte. Car la division elle-même en plusieurs parties égales, qu'elle
soit réelle ou intellectuelle seulement, est proprement
la dimension selon laquelle nous comptons les
choses, et cette façon de constituer un nombre s'appelle proprement une espèce de dimension, bien
qu'il y ait quelque diversité dans la signification du
mot de division (¹). En effet, si nous considérons les
parties par rapport au tout, on dit alors que nous
comptons ; si au contraire nous avons égard au tout
en tant qu'il est divisé en parties, nous le mesurons.
Par exemple, nous mesurons les siècles par les années,
les jours, les heures et les moments, mais si nous
comptons des moments, des heures, des jours et des
années, nous finirons par avoir des siècles.

Il en résulte manifestement qu'il peut y avoir dans
le même sujet une infinité de dimensions diverses et
qu'elles n'ajoutent absolument rien aux choses qui les
possèdent, mais qu'on les comprend de la même
manière, soit qu'elles aient un fondement réel dans
les sujets eux-mêmes, soit qu'elles aient été imagi-
nées au gré de notre intelligence. C'est en effet
quelque chose de réel que la pesanteur du corps ou
la vitesse du mouvement ou la division du siècle en
années et en jours ; mais non la division du jour en
heures et en moments, etc. Cependant, il en va de

(¹) Cf. l'emploi du mot d'analyse.

même pour toutes ces choses, si on les considère seulement sous le rappprt de la dimension, comme il faut le faire ici et dans les disciplines Mathématiques; car il appartient plutôt aux Physiciens d'examiner si leur fondement est réel.

Une pareille remarque jette une vive lumière en Géométrie, puisque presque tout le monde y conçoit à tort trois espèces de quantité : la ligne, la surface et le corps. Il a été en effet déjà établi auparavant que la ligne et la surface ne donnent pas lieu à un concept, en tant que vraiment distinctes du corps ou distinctes l'une de l'autre. Mais, si on les considère simplement comme abstraites par l'entendement, ce ne sont pas plus alors des espèces différentes de quantité que l'animal et le vivant ne sont dans l'homme des espèces différentes de substance. Il faut noter en passant que les trois dimensions des corps, la longueur, la largeur et la profondeur, ne diffèrent entre elles que par les mots : rien n'empêche en effet, dans un solide donné, de choisir n'importe laquelle de ces étendues pour longueur, une autre pour largeur, etc. Et quoique toutes trois seulement aient un fondement réel dans tout objet étendu, en tant que simplement étendu, nous ne les avons pourtant pas plus en vue ici que d'autres en nombre infini qui sont formées par l'entendement ou qui ont d'autres fondements dans les choses. Ainsi, dans un triangle, si nous voulons le mesurer parfaitement, il faut en connaître

du côté de la réalité (¹) trois éléments, qui sont ou
les trois côtés, ou deux côtés et un angle, ou deux
angles et la surface, etc. ; de même, il faut en
connaître cinq dans un trapèze, six dans un
tétraèdre,, etc. Tout cela peut s'appeler des dimensions. Mais, afin de choisir ici celles qui peuvent
aider le mieux notre imagination, ne faisons jamais
attention à la fois à plus d'une ou de deux d'entre
elles représentées dans notre fantaisie, quand même
nous saisirions l'existence de quantité d'autres dans
la proposition dont nous nous occuperons. C'est en
effet le propre de l'art que de les distinguer en aussi
grand nombre que possible, de manière à ce que
notre attention en examine très peu à la fois et arrive
néanmoins à les examiner toutes successivement.

L'unité est cette nature commune de laquelle,
comme nous l'avons dit plus haut, doivent également
participer toutes les choses que l'on compare
entre elles. S'il n'y en a pas déjà quelqu'une de
déterminée dans la question, nous pouvons prendre
à sa place soit une des grandeurs déjà données, soit
n'importe quelle autre, et ce sera la mesure commune à toutes les autres. Nous comprendrons qu'il
existe en elle autant de dimensions qu'il y en a
dans les extrêmes à comparer entre eux. Nous la
concevrons aussi, soit simplement comme quelque
chose d'étendu, abstraction faite de tout le reste, et

(¹) *A parte rei.*

alors elle sera identique au point des Géomètres, dont le mouvement leur sert à composer la ligne ; soit comme une ligne, soit comme un carré.

En ce qui regarde les figures, il a été déjà montré plus haut comment c'est par elles seules qu'on peut se former des idées de toutes choses. Il nous reste un avertissement à faire en cet endroit : c'est que, de leurs diverses espèces innombrables, nous n'emploierons ici que celles par lesquelles on exprime le plus facilement toutes les différences des rapports ou proportions. Or, il y a seulement deux genres de choses que l'on compare entre elles : les pluralités (¹) et les grandeurs. Nous avons aussi deux genres de figures qui nous servent à les concevoir : car, par exemple, les points

qui désignent un nombre triangulaire (²), ou l'arbre qui fait connaître la généalogie de quelqu'un

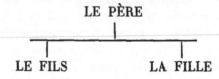

LE PÈRE

LE FILS   LA FILLE

(¹) *Multitudines.* Cf. plus haut, à propos du nombre.
(²) A cause de la figure formée par les points qui le composent ; sa formule générale est : $\dfrac{n\,(n+1)}{2}$.

etc., sont des figures pour représenter la pluralité ;
mais celles qui sont continues et indivises, comme
un triangle, un carré, etc.,

font connaître les grandeurs.

Maintenant, afin d'exposer quelles sont de toutes
ces figures celles dont nous allons nous servir ici,
il faut savoir que tous les rapports qui peuvent exister entre des êtres de même genre doivent se rapporter à deux points essentiels, qui sont l'ordre ou
la mesure.

On doit savoir en outre que, dans l'imagination
d'un ordre, il n'y a pas peu d'industrie, ainsi
qu'on peut le voir çà et là dans notre méthode,
qui n'enseigne presque rien autre chose ; tandis
que, dans la connaissance d'un ordre après qu'on
l'a trouvé, il n'existe absolument aucune difficulté
et notre intelligence peut facilement d'après la règle
septième parcourir une à une les parties mises en
ordre. C'est que, dans ce genre de rapports, les
unes se rapportent aux autres par elles seules et
sans l'intermédiaire d'un troisième terme, comme
il arrive dans les mesures, dont pour ce motif nous
nous bornerons à donner ici l'explication. Je reconnais en effet quel ordre existe entre A et B, sans
autre considération que celle de ces deux extrêmes ;

mais je ne reconnais pas quel rapport de grandeur il
y a entre deux et trois, sans avoir considéré un
troisième terme, qui est l'unité servant de commune mesure aux deux autres.

On doit savoir aussi que les grandeurs continues
peuvent, grâce à une unité d'emprunt, être parfois
ramenées complètement à une pluralité, et toujours
au moins en partie. La pluralité des unités peut
ensuite être disposée dans un tel ordre que la difficulté, qui se rapportait à la connaissance de la
mesure, dépende finalement de l'ordre seul : c'est
dans ce progrès que l'art nous est du plus grand
secours.

On doit savoir enfin que, parmi les dimensions
d'une grandeur continue, il n'y en a pas qu'on
conçoive avec une plus parfaite distinction que la
longueur et la largeur, et qu'il ne faut pas faire
attention à plusieurs à la fois dans la même figure,
pour en comparer entre elles deux différentes. Le
propre de l'art, en effet, si nous en avons plus de
deux qui soient différentes à comparer entre elles.
c'est de les parcourir successivement et de ne faire
attention qu'à deux à la fois.

Après ces remarques, il est facile de conclure
que, dans les propositions, on ne doit pas moins
faire abstraction ici des figures mêmes dont traitent
les Géomètres, s'il en est question, que de toute
autre matière. Il ne faut en garder aucune pour
notre usage, sauf les surfaces rectilignes et rec-

tangulaires, ou bien les lignes droites, que nous
appelons aussi des figures, car elles ne nous servent
pas moins que les surfaces à imaginer un sujet vraiment étendu, comme on l'a dit plus haut. Enfin,
c'est par les mêmes figures qu'il faut représenter,
tantôt des grandeurs continues, tantôt aussi une
pluralité ou un nombre, et il n'y a rien de plus
simple que l'industrie humaine puisse trouver pour
exposer toutes les différences qui existent entre les
rapports.

———

RÈGLE XV

Il est utile aussi ordinairement de tracer ces figures et de les présenter aux sens externes, afin qu'il soit plus facile par ce moyen de tenir notre pensée attentive.

La manière dont il faut représenter ces figures, pour qu'en les mettant sous nos yeux mêmes, leurs images (¹) se forment plus distinctement dans notre imagination, est un fait évident par soi. D'abord, en effet, nous représenterons l'unité de trois manières, qui sont : par un carré, ☐, si nous y faisons attention en tant qu'elle est longue et large ; ou par une ligne, —, si nous la considérons seulement en tant que longue ; ou enfin par un point, . , si nous n'avons égard qu'au fait de composer avec elle une pluralité. Mais, de quelque manière qu'on la représente et qu'on la conçoive, nous comprendrons toujours qu'elle est un sujet étendu en tous sens et susceptible d'une infinité de dimensions. Ainsi encore, les termes d'une proposition,

(¹) *Species.*

s'il faut faire attention à deux de leurs grandeurs
différentes à la fois, seront présentés à nos yeux par
le moyen d'un rectangle, dont les deux côtés seront
les deux grandeurs proposées : de cette manière
☐, si elles sont incommensurables avec l'unité;
de celle-ci ☐ , ou de cette autre : : : , si elles
sont commensurables ; sans plus, à moins qu'il ne
soit question d'une pluralité d'unités. Si, enfin,
nous ne prêtons attention qu'à une seule de leurs
grandeurs, nous la représenterons, ou bien par un
rectangle dont un côté est la grandeur proposée et
l'autre l'unité, de cette manière ☐, ce qui se
fait chaque fois qu'il faut la comparer elle-même
avec quelque surface ; ou bien par une seule longueur, de la façon suivante ———— , si on la considère seulement comme une longueur incommensu-
rable ; ou bien de la façon suivante . . . . . , si c'est
une pluralité.

RÈGLE XVI

*Quant à ce qui ne requiert pas l'attention immé-
diate de l'intelligence, tout en étant nécessaire à la
conclusion, il vaut mieux le désigner par les notations les plus brèves que par des figures entières :
ainsi la mémoire ne pourra se tromper, et néanmoins,
pendant ce temps, la pensée ne sera pas distraite à
le retenir, tandis qu'elle s'applique à d'autres déductions.*

Au reste, comme nous avons dit qu'il ne fallait
pas contempler par une seule et même intuition,
soit visuelle, soit intellectuelle, plus de deux dimensions différentes parmi les dimensions innombrables
qui peuvent être représentées dans notre fantaisie, il
est important de retenir toutes les autres, de manière
à ce qu'elles s'offrent facilement à nous, chaque fois
que le besoin s'en fait sentir : c'est pour atteindre ce
but que la mémoire semble instituée par la nature.
Mais, parce qu'elle est souvent fugitive et pour ne
pas nous forcer à dépenser une partie de notre attention à la raviver, pendant que nous sommes occupés
à d'autres pensées, l'art a découvert très à propos

l'usage de l'écriture. Forts du secours de celle-ci,
nous ne confierons ici absolument rien à la mémoire,
mais, laissant notre fantaisie libre et tout entière
aux idées présentes, nous représenterons sur du
papier tout ce qu'il faudra retenir. Et cela au moyen
des notations les plus brèves, afin qu'après avoir examiné distinctement chaque chose en particulier,
d'après la règle neuvième, nous puissions d'après la
onzième tout parcourir par un mouvement très rapide
de la pensée et voir à la fois par intuition le plus
grand nombre d'objets possible.

Tout ce qu'il faudra donc considérer pour la solution d'une difficulté comme formant une seule chose,
nous le désignerons par une notation unique, que
l'on peut figurer à volonté. Mais, pour plus de facilité, nous nous servirons des lettres a, b, c, etc.,
pour exprimer les grandeurs déjà connues, et des
lettres A, B, C, etc., pour exprimer les inconnues.
Nous les ferons précéder souvent des notations nu-
mériques1, 2, 3, 4, etc., pour rendre compte de
leur pluralité, et nous ajouterons les mêmes notations pour rendre compte du nombre de relations
qu'il faudra comprendre en elles. Par exemple, si
j'écris : 2 a^3, ce sera comme si je disais : le double
de la grandeur représentée par la lettre a et qui contient trois relations. Par cette industrie, non seulement nous ferons l'économie de beaucoup de mots,
mais, ce qui est le principal, nous présenterons les
termes de la difficulté sous une forme si pure et si

nue que, sans omettre rien d'utile, on ne trouve pourtant jamais en eux rien de superflu et qui occupe inutilement la capacité de l'esprit, tandis que notre intelligence devra embrasser plusieurs objets à la fois.

Pour comprendre plus clairement tout cela, il faut remarquer d'abord que les Calculateurs ont coutume de désigner les grandeurs en particulier par plusieurs unités ou par un nombre déterminé, alors qu'en cet endroit-ci nous ne les abstrayons pas moins des nombres eux-mêmes que nous l'avons fait peu auparavant des figures Géométriques ou de n'importe quelle autre chose. Nous le faisons, soit pour éviter l'ennui d'un calcul long et superflu, soit surtout pour que les parties du sujet qui concernent la nature de la difficulté restent toujours distinctes et ne soient pas chargées de nombres inutiles. Par exemple, si l'on cherche la base d'un triangle rectangle, dont les côtés donnés sont 9 et 12, le Calculateur dira qu'elle est égale à $\sqrt{225}$ ou 15 ; tandis que, de notre côté, nous mettrons a et b à la place de 9 et de 12, nous trouverons que la base du triangle est égale à $\sqrt{a^2 + b^2}$, et ces deux parties a^2 et b^2 resteront distinctes, alors qu'elles sont confondues si l'on se sert d'un nombre.

Il faut remarquer encore que, par nombre de relations, on doit comprendre les proportions qui se suivent en ordre continu. D'autres, dans l'Algèbre

ordinaire, s'efforcent de les exprimer au moyen de
plusieurs dimensions et de plusieurs figures, dont
ils appellent la première racine, la seconde carré, la
troisième cube, la quatrième bicarré, etc. Ces noms
m'ont trompé moi-même pendant longtemps, je
l'avoue, car il ne me semblait pas qu'on pouvait
offrir rien de plus clair à mon imagination, après la
ligne et le carré, que le cube et les autres figures
construites à leur ressemblance ; et certes, je résol-
vais par leur secours bon nombre de difficultés. Mais
enfin, après beaucoup d'expériences, j'ai reconnu
que, par cette façon de concevoir, je n'avais jamais
rien trouvé que je n'eusse pu sans elle reconnaître
beaucoup plus facilement et distinctement, et qu'on
devrait rejeter entièrement de telles dénominations,
pour qu'elles ne troublent pas le concept, puisque
la même grandeur, qu'on l'appelle cube ou bicarré,
ne doit cependant jamais être offerte à l'imagination
que comme une ligne ou une surface, d'après la règle
précédente. Il faut par suite noter surtout que la
racine, le carré, le cube, etc., ne sont pas autre chose
que des grandeurs continuellement proportionnelles
que l'on suppose toujours dominées par cette unité
d'emprunt dont nous avons déjà parlé ci-dessus (¹).
C'est à cette unité que la première grandeur proportionnelle se rapporte immédiatement et par une seule
relation ; mais la seconde par l'intermédiaire de

(¹) Dans la règle XIV (p. 96, l. 24 et p. 99, l. 5).

la première et donc par deux relations ; la troisième, par l'intermédiaire de la première et de la seconde, et par trois relations, etc. Nous appellerons donc dans la suite première proportionnelle, cette grandeur qu'en Algèbre on appelle racine ; seconde proportionnelle, celle qu'on appelle carré, et ainsi du reste.

Dernière remarque : bien qu'ici nous fassions abstraction de certains nombres dans les termes d'une difficulté pour en examiner la nature, il arrive souvent néanmoins qu'on puisse la résoudre plus simplement avec les nombres donnés qu'en en faisant abstraction. Cela s'explique par le double service que rendent les nombres et auquel nous avons déjà fait allusion auparavant : c'est qu'ils expliquent, tantôt l'ordre, tantôt la mesure. Par conséquent, après avoir cherché la difficulté exprimée en termes généraux, il faut la ramener aux nombres donnés, pour voir si par hasard ils ne nous fournissent pas alors quelque solution plus simple. Par exemple, après avoir vu que la base du triangle rectangle, en fonction des côtés a et b, est égale à $\sqrt{a^2 + b^2}$, il faut, à la place de a^2 mettre 81, et à la place de b^2, 144 : ces nombres additionnés font 225, dont la racine, ou moyenne proportionnelle entre l'unité et 225, est 15. Par là, nous connaîtrons que la base 15 est commensurable avec les côtés 9 et 12, mais non d'une manière générale en vertu du fait qu'elle est la base d'un triangle rectangle dont un côté est à l'autre comme

3 est à 4. Nous faisons toutes ces distinctions, nous qui cherchons la connaissance évidente et distincte des choses, mais non les Calculateurs qui sont contents, pourvu que s'offre à eux la somme cherchée, même sans remarquer comment elle dépend des données : ce qui pourtant est le seul point où réside proprement la science.

Mais au contraire, on doit observer en général, qu'il ne faut jamais rien confier à la mémoire de ce qui ne réclame pas une attention continuelle, si nous pouvons le mettre sur le papier, de peur qu'une partie de notre esprit ne soit soustraite à la connaissance d'un objet présent par un souvenir inutile. On doit aussi faire un sommaire, où nous écrirons les termes de la question, tels qu'ils nous auront été proposés la première fois ; puis, comment on les abstrait et par quelles notations on les désigne. De la sorte, après avoir trouvé la solution grâce à ces notations elles-mêmes, nous appliquerons facilement cette solution, sans aucun secours de la mémoire, au sujet (¹) particulier dont il sera question, car rien ne peut jamais être abstrait que d'un sujet moins général. Voici donc ce que j'écrirai : on cherche la base AC d'un triangle rectangle ABC, et j'abstrais la difficulté de manière à chercher en général la gran-

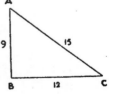

(¹) *Subjectum.*

deur de la base d'après la grandeur des côtés ; ensuite, au lieu de AB, qui égale 9, je mets a, et au lieu de BC, qui égale 12, je mets b, et ainsi de suite.

Il faut noter que nous avons encore l'intention de nous servir des quatre règles précédentes dans la troisième partie de ce Traité, en les prenant d'une manière un peu plus large qu'elles n'ont été ici expliquées, comme il sera dit en son lieu.

———

RÈGLE XVII

La difficulté proposée doit être directement parcourue, en y faisant abstraction de ce que certains de ses termes sont connus et les autres inconnus, et en examinant par intuition la mutuelle dépendance de chacun d'eux par rapport aux autres, grâce aux vrais raisonnements (¹).

Les quatre règles précédentes nous ont enseigné comment les difficultés déterminées et parfaitement comprises doivent être abstraites de chacun de leurs sujets en particulier et réduites au point qu'on n'ait plus rien d'autre à chercher dans la suite que certaines grandeurs à connaître, en établissant tel ou tel rapport entre elles et certaines grandeurs données. Maintenant, dans les cinq règles suivantes, nous exposerons comment les mêmes difficultés doivent être traitées, de manière à subordonner les unes aux autres, dans une proposition seule, toutes les grandeurs inconnues, quel que soit leur nombre, et de manière que, la première étant par rapport à l'unité comme la seconde par rapport à la première, la troi-

(¹) *Discursus.*

sième par rapport à la deuxième, la quatrième par rapport à la troisième, et ainsi de suite s'il y en a autant, elles aient une somme égale à quelque grandeur connue. Cela sera fait par une méthode si certaine que, de cette manière, nous ayons la possibilité d'affirmer sûrement qu'aucune industrie n'aurait pu les réduire à des termes plus simples.

Quant à présent, on doit noter que, dans toute question à résoudre par déduction, il existe une voie sans obstacle et directe, au moyen de laquelle il nous est permis de passer le plus facilement possible d'un terme à l'autre, tandis que toutes les autres voies sont plus difficiles et indirectes. Pour le comprendre, il faut nous rappeler ce qui a été dit à la règle onzième, où nous avons exposé quel doit être l'enchaînement des propositions (¹) : si chacune d'elles en particulier est comparée avec ses voisines, il nous est aisé de percevoir comment aussi la première et la dernière ont des rapports entre elles, alors même qu'il n'est pas aussi facile de déduire les intermédiaires en partant des extrêmes. Maintenant donc, si nous considérons intuitivement leur dépendance réciproque, sans interrompre l'ordre nulle part, pour en inférer comment la dernière dépend de la première, nous parcourrons directement la difficulté. Au contraire si, en connaissant que la pre-

(¹) C'est la leçon de *A*, mais *H* porte le mot de *proportions*, qui correspond mieux à ce qui suit et à la fin de la règle XI.

mière et la dernière sont unies entre elles d'une
manière déterminée, nous voulions en déduire quels
sont les intermédiaires qui les unissent, ce serait
alors un ordre tout à fait indirect et interverti que
nous suivrions. Comme nous nous occupons ici des
questions compliquées, c'est-à-dire dans lesquelles
on connaît les extrêmes et on doit arriver à connaître certains intermédiaires au milieu d'un ordre
troublé, tout l'artifice en ce lieu consistera, en sup-
posant connu ce qui est inconnu, à pouvoir ainsi
nous proposer une voie facile et directe de recherche, même dans les difficultés les plus embrouillées
possible. Rien n'empêche que cela n'ait toujours
lieu, puisque nous avons supposé, dès le début de
cette partie, pouvoir reconnaître que les choses
inconnues dans une question sont dans une dépendance telle des choses connues qu'elles sont tout à
fait déterminées par celles-ci. De la sorte, en réfléchissant à celles-là mêmes qui s'offrent d'abord à
nous, tandis que nous reconnaissons cette détermination, et en les comptant comme connues quoiqu'inconnues, pour en déduire peu à peu et par les
vrais raisonnements toutes les choses même connues, comme si elles étaient inconnues, nous
accomplirons tout ce que cette règle prescrit. Quant
aux exemples qui s'y rapportent, comme aussi aux
exemples de beaucoup d'autres choses dont nous
avons l'intention de parler dans la suite, nous les
réservons pour la règle vingt-quatrième: ils y seront
plus commodément exposés.

RÈGLE XVIII

Pour cela, quatre opérations seulement sont requises : l'addition, la soustraction, la multiplication et la division ; parmi elles, les deux dernières doivent souvent ne pas être faites ici, soit pour ne rien compliquer à la légère, soit parce qu'elles peuvent être plus facilement effectuées dans la suite.

La multitude des règles provient souvent de l'impéritie d'un Maître, et ce que l'on peut ramener à un précepte général unique est moins net, lorsqu'on le divise en de nombreux préceptes particuliers. C'est pourquoi, toutes les opérations dont il faut se servir pour parcourir les questions, c'est-à-dire pour déduire certaines grandeurs d'autres grandeurs, nous les ramenons ici à quatre points essentiels seulement : leur explication fera connaître comment ils sont suffisants.

En effet, supposons que nous parvenions à la connaissance d'une seule grandeur, en ayant les parties dont elle est composée : cela se fait par l'addition. Supposons que nous reconnaissions une partie en ayant le tout et l'excès de ce tout sur cette même partie : cela se fait par la soustraction. Il n'y a pas un plus grand nombre de façons de déduire une grandeur d'autres grandeurs prises absolument et dans lesquelles elle est contenue en quelque manière. Mais, s'il faut en trouver quelqu'une au moyen d'autres dont elle est tout à fait différente et dans lesquelles elle n'est contenue d'aucune manière, il est nécessaire que quelque rapport la relie à celles-ci : cette relation ou rapport, si c'est directement qu'il faut le chercher, on doit alors se servir de la multiplication ; si c'est indirectement, de la division.

Pour exposer clairement ces deux points, il faut savoir que l'unité, dont nous avons déjà parlé (¹), est ici la base et le fondement de toutes les relations, et que, dans la série des grandeurs continuellement proportionnelles, elle occupe le premier degré, tandis que les grandeurs données se trouvent au second, et les grandeurs cherchées au troisième, au quatrième et aux autres degrés, si la proportion est directe ; si, d'autre part, elle est indirecte, la grandeur cherchée se trouve au second degré et aux degrés intermédiaires, tandis que la grandeur donnée est au dernier.

En effet, si l'on dit : l'unité est à la grandeur donnée, a ou 5, comme b ou 7, grandeur encore donnée, est à celle qui est cherchée, c'est-à-dire ab ou 35,

(¹) Dans les règles XIV et XVI.

alors a et b sont au second degré, et leur produit ab au troisième. De même, si l'on ajoute : l'unité est à c ou 9, comme ab ou 35 est à la grandeur cherchée abc ou 315, alors abc est au quatrième degré, et on constitue ce produit par les deux multiplications de ab et de c, qui sont au second degré, et ainsi de suite. De même : l'unité est à a ou 5, comme a ou 5 est à a^2 ou 25 ; et encore : l'unité est à a ou 5, comme a^2 ou 25 est à a^3 ou 125 ; et enfin : l'unité est à a ou 5, comme a^3 ou 125 est à a^4, qui égale 625, etc. En effet, la multiplication ne se fait pas autrement, que l'on multiplie la même grandeur par elle-même ou qu'on la multiplie par une autre tout à fait différente.

Maintenant, si l'on dit : l'unité est à a ou 5, diviseur donné, comme B ou 7, qui est une grandeur cherchée, est à ab ou 35, dividende donné, alors l'ordre est interverti et indirect : c'est pourquoi, on n'a la grandeur cherchée B qu'en divisant ab, grandeur donnée, par a, grandeur aussi donnée. De même, si l'on dit : l'unité est à A ou 5, grandeur cherchée, comme A ou 5, grandeur cherchée, est à a^2 ou 25, grandeur donnée ; ou bien : l'unité est à A ou 5, grandeur cherchée, comme A^2 ou 25, grandeur cherchée, est à a^3 ou 125, grandeur donnée ; et ainsi de suite. Nous embrassons toutes ces opérations sous le nom de division ; malgré tout, il faut noter que les derniers cas de cette espèce contiennent plus de difficulté que les premiers, parce qu'on y trouve plus souvent la grandeur cherchée, qui renferme par conséquent plus de rapports. En effet, dans ces derniers exemples, c'est comme si on disait qu'il faut extraire la racine carrée de a^2 ou de 25, ou la racine cubique de a^3 ou de 125, et ainsi de suite : c'est la manière de parler dont se servent les Calculateurs. Pour donner cette explication en termes de Géomètres, c'est comme si l'on disait qu'il faut trouver une moyenne proportionnelle entre cette grandeur d'emprunt que nous appelons unité, et celle qu'on désigne par a^2, ou bien deux moyennes proportionnelles entre l'unité et a^3, et ainsi de suite.

On en tire facilement la conclusion que ces deux opérations sont suffisantes pour trouver n'importe laquelle des grandeurs que l'on doit déduire d'autres grandeurs en vertu d'un certain rapport. Cela compris, nous allons poursuivre, en exposant comment ces opérations doivent être soumises à l'examen de l'imagination et comment aussi il faut les montrer aux yeux mêmes, pour en expliquer enfin dans la suite l'usage ou la pratique.

S'il faut faire une addition ou une soustraction, nous concevons le sujet (¹) à la manière d'une ligne, ou à la manière d'une grandeur étendue, dans laquelle on ne considère que la longueur, car, s'il faut ajouter la ligne a à la ligne b,

(¹) *Subjectum.*

nous les joignons l'une avec l'autre de cette manière, *ab*,

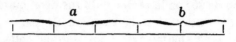

et l'on obtient *c*.

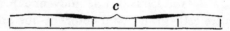

Mais, si la plus petite doit être retranchée de la plus grande, à savoir *b* de *a*,

nous les appliquons l'une sur l'autre de cette manière

et l'on a ainsi la partie de la plus grande qui ne peut pas être recouverte par la plus petite, c'est à-dire : |____|.

Dans la multiplication, nous concevons aussi les grandeurs données à la manière de lignes, mais en imaginant qu'on en forme un rectangle, car, si nous multiplions *a* par *b*

nous les disposons l'une avec l'autre suivant un angle droit, de cette manière :

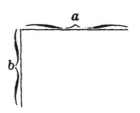

et l'on a le rectangle

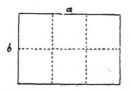

De même, si nous voulons multiplier ab par c,

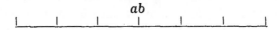

il faut concevoir ab comme une ligne, qui est ab,

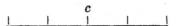

de manière à avoir pour abc :

Enfin, dans la division où le diviseur est donné, nous imaginons que la grandeur à diviser est un rectangle, dont un côté est le diviseur et l'autre le quotient. Si, par exemple, on doit diviser le rectangle ab par a,

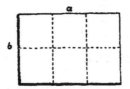

on lui ôte la largeur a, et il reste b comme quotient :

ou au contraire, s'il faut diviser le même rectangle par b, on lui ôtera la hauteur b, et le quotient sera a,

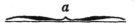

Quant aux divisions où le diviseur n'est pas donné, mais seulement désigné par une relation, comme lorsqu'on dit qu'il faut extraire la racine carrée ou cubique, etc., alors il faut noter que le terme à diviser et tous les autres doivent toujours être conçus comme des lignes qui se trouvent dans une série de grandeurs continuellement proportionnelles, dont la première est l'unité et la dernière est la grandeur à diviser. Quant à la manière de trouver entre celle-ci et l'unité autant de moyennes proportionnelles qu'on voudra, elle sera expliquée en son lieu. Qu'il suffise pour l'instant d'avoir averti que nous supposons n'avoir pas encore à faire ici de telles opérations puisqu'elles nécessitent des marches indirectes et réflexes de l'imagination : pour l'instant, nous ne traitons que des questions à parcourir directement.

En ce qui concerne les autres opérations, elles peuvent certes être faites très facilement de la manière dont nous avons dit qu'elles doivent être conçues. Il reste pourtant à exposer comment leurs termes doivent être préparés, car, bien que nous ayons la liberté, en abordant une difficulté, d'en concevoir les termes comme des lignes ou comme des rectangles, sans jamais leur attribuer d'autres figures, comme on l'a dit dans la règle quatorzième, toutefois il arrive souvent dans le raisonnement qu'un rectangle, après être résulté de la multiplication de deux lignes, doit bientôt être conçu comme une ligne pour faire une autre opération. Il arrive encore que le même rectangle, ou la ligne résultant de quelque addition ou de quelque soustraction doive être bientôt conçue comme un autre rectangle à construire sur une ligne désignée, par laquelle il faut faire la division.

Il est donc important d'exposer ici comment tout rectangle peut être transformé en ligne, et à son tour comment une ligne ou même un rectangle peuvent être transformés en un autre rectangle de côté désigné. Cela est très facile aux Géomètres, pourvu qu'ils fassent cette remarque : par lignes, chaque fois que nous les comparons à quelque rectangle, comme en cet endroit, nous entendons toujours des rectangles, dont un côté est la longueur que nous avons prise pour unité. Ainsi, en effet, tout ce travail se réduit à la proposition suivante : un rectangle étant donné, en construire un autre qui lui soit égal sur un côté donné.

Bien qu'il soit familier même aux serviteurs des Géomètres, il me plaît cependant de l'exposer en détail, de peur de paraître avoir fait quelque omission.

RÈGLE XIX

Au moyen de cette méthode de raisonner, il faut chercher autant de grandeurs exprimées de deux façons différentes, que nous supposons de termes inconnus comme connus, pour parcourir directement la difficulté : c'est ainsi, en effet, qu'on aura autant de comparaisons entre deux choses égales.

———

RÈGLE XX

Les équations étant trouvées, il faut effectuer les opérations que nous avons laissées de côté, en ne nous servant jamais de la multiplication chaque fois qu'il y aura lieu à division.

RÈGLE XXI

Si l'on a plusieurs équations de cette sorte, il faut les réduire toutes à une seule, c'est-à-dire à celle dont les termes occuperont le moins de degrés dans la série des grandeurs continuellement proportionnelles, selon laquelle les mêmes termes doivent être ordonnés.

FIN

———

INDEX*

par Myriam DENNEHY

---

* Les chiffres romains renvoient à la Règle et les chiffres arabes à la page de la présente édition.

TABLE DES MATIÈRES

Il est utile aussi ordinairement de tracer ces figures et de les présenter aux sens externes, afin qu'il soit plus facile par ce moyen de tenir notre pensée attentive.

Quant à ce qui ne requiert pas l'attention immédiate de l'intelligence, tout en étant nécessaire à la conclusion, il vaut mieux le désigner par les notations les plus brèves que par des figures entières : ainsi la mémoire ne pourra se tromper, et néanmoins, pendant ce temps, la pensée ne sera pas distraite à le retenir, tandis qu'elle s'applique à d'autres déductions.

La difficulté proposée doit être directement parcourue, en y faisant abstraction de ce que certains de ses termes sont connus et les autres inconnus, et en examinant par intuition la mutuelle dépendance de chacun d'eux par rapport aux autres, grâce aux vrais raisonnements.

Pour cela, quatre opérations seulement sont requises : l'addition, la soustraction, la multiplication et la division ; parmi elles, les deux dernières doivent souvent ne pas être faites ici, soit pour ne rien compliquer à la légère, soit parce qu'elles peuvent être plus facilement effectuées dans la suite.

Au moyen de cette méthode de raisonner, il faut chercher autant de grandeurs exprimées de deux façons différentes, que nous supposons de termes inconnus comme connus, pour parcourir directement la difficulté : c'est ainsi, en effet, qu'on aura autant de comparaisons entre deux choses égales.

Les équations étant trouvées, il faut effectuer les opérations que nous avons laissées de côté, en ne nous servant jamais de la multiplication chaque fois qu'il y aura lieu à division.

Si l'on a plusieurs équations de cette sorte, il faut les réduire toutes à une seule, c'est-à-dire à celle dont les termes occuperont le moins de degrés dans la série des grandeurs continuellement proportionnelles, selon laquelle les mêmes termes doivent être ordonnés.

ACHEVÉ D'IMPRIMER
EN NOVEMBRE 2012
PAR L'IMPRIMERIE
DE LA MANUTENTION
À MAYENNE
FRANCE
N° 2024878C

Dépôt légal : 4ᵉ trimestre 2012